猛虎二番目の捕手

辻 恭彦
[元阪神タイガース―大洋・横浜大洋ホエールズ]

ダンプ辻、81歳のキャッチャー論―[立志編]

ベースボール・マガジン社

天国の村山実さんと
いつも寝起きの声の江夏豊に
感謝の気持ちを込めて――。

阪神二番目の捕手として長くチームを支えた著者

PROLOGUE

ダンプからのお詫びとお礼

僕が本を出したと聞いて、「ダンプみたいな二流選手が何を偉そうに！」と怒る人がたくさんいるかもしれません。

すみませんねえ……。

確かに22年半のプロ野球生活で１００試合以上の出場は1年だけ、通算では９７４試合、４１８安打という、絵に描いたような万年二番手キャッチャーです。

でもね、逆にこの程度の成績しか残していない選手が、これだけ長く現役でいたというのも不思議じゃないですか。

社交術？　いやいやいや、そんなの考えたことないし、できるはずもない。当時の僕を知っている人たちに聞いてみてください。「ダンプ？　ああ、いつもむっつりしていたキャッチャーでしょ」と言うと思います。

しかも、昭和39年（１９６４年）を最後に、20年間、ず〜っと二軍出場はなく、ほぼ一軍です。これがどんなことか、プロ野球に詳しい方ならお分かりですよね。

試合に出ていないときは、ず〜っと一軍のブルペンにいて球を捕っていたということです。昔は専門のブルペン捕手なんていないし、特に阪神タイガース時代の昭和40年（1965年）からの3年間は、試合にほとんど出ず、一人で捕っていました。

先発が村山実さんみたいに完投もできるエースで、調子のいいときはそうでもありませんが、試合が荒れるとリリーフを何人も用意しなきゃいけない。1日600球もざらでした。立ったり座ったりするだけでも一苦労です。

正直、嫌々ボールを受けていたこともあります。ブルペンなんていくら頑張ってもカネにならんし、嫌だって、ずっと思っていました。


ところが、ブルペンでの時間が長くなっていくと、嫌は嫌なのですが、ピッチャーに気持ちよく投げさせたいとか、大したことなかったり、迷っているピッチャーに結果を出させたいとか、人を喜ばすことも面白いなと思うようになってきました。

もちろん、それによって彼らが「ダンプさんに試合でも受けてほしい」と思ってくれたら僕のチャンスが増えるだろうという計算もありました。

やっと正捕手になれるかなと思ったことも何度かありましたが、必ず何かあって、いつの間にか二番目に戻っていました。運のない男です。

でもね、プロ野球は、ピッチャーなら金田正一さん（国鉄スワローズ＝現東京ヤクルトほか）、村山さん、江夏豊（阪神ほか）、バッターなら長嶋茂雄さん、王貞治さん（ともに読売ジャイアンツ）、今なら両方やっとる大谷翔平（ロサンゼルス・エンジェルス）とか、素晴らしいスーパースターが光り輝いている世界ですが、どうしたってこの人たちだけでは戦えません。金田さんなら、ノーサインであの剛球と大きなカーブを受ける国鉄の根来広光さんをはじめとするキャッチャーがいた。長嶋さん、王さんも柴田勲や土井正三が頑張ってチャンスをつくった。走者がいなければ、ホームランを打っても1点、歩かされたら終わりですしね。

もっと言えば、レギュラーの9人だけでは勝てません。控えも含めたベンチ入りの選手全員、監督、コーチ、裏方さん……。全員がバランスよく配置されてこそチームは強くなります。

この本は、『週刊ベースボール』に2023年8月14日号まで掲載された連載『キャッチャーはつらいよ』を全面的に書き換えたものです。表紙に『独白』とは書かれていますが、連載時同様、書きためた僕の原稿をもとにしながら、編集者さんにしゃべったことを付け加えてもらい、柔らかめの話し言葉風にしてもらっています。堅苦しいのは性に合いませんしね。

内容は僕の阪神時代（1962年途〜1974年）が中心です。20歳で入って32歳までですから、青春時代と言えばそう言えなくもありませんが、色恋話は一切出てきませんので、ご勘弁を。

意地悪な編集者さんによれば、阪神時代だけで予定ページがいっぱいになったらしく、大洋ホエールズ（現横浜DeNAベイスターズ）時代から先は、この本が売れたら出してくれるそうです。

気持ちよく最初から「2冊出します」と言えばいいのに、もったいつけた人です。

野球が大好きな方なら、つまらない話ではないと思います。誰への悪口もないし、誰へのおべんちゃらもありません。「へえ」と思っていただける話もそれなりにあると思います。

お茶でも飲み、お菓子でも食べながら、ごゆっくりお楽しみください。

そうそう、忘れないうちに書いておきます。毎日、たくさんの本が出ている中から、間違えてかもしれませんが、この一冊を選んでいただき、本当にありがとうございます。深く感謝いたします。

CONTENTS

CONTENTS

【第4章】

CONTENTS

[主な登場人物]

辻恭彦　著者。ダンプと呼ばれたキャッチャー
貝沼君　事故で亡くなった享栄商高のチームメート
チワワに似た犬　幸運を呼ぶ犬。ピピ
重松省三　西濃運輸時代の同僚。のち大洋

[阪神]
藤本定義　なんだか分からないけど、いろいろ見守ってくれた監督
佐川直行、平井三郎　阪神の担当スカウト
杉下茂　ブルペン捕手をしてくれと指示した監督
村山実　かわいがってくれた先輩投手。1970年からは兼任監督
小山正明　針の穴をも通すと言われた制球力抜群の先輩投手
バッキー　クセ球とスピットボールの長身投手
江夏豊　後輩の天才左腕
石川緑　金言をくれた同じ愛知県出身の先輩投手
渡辺省三　びっくりするくらいコントロール抜群の先輩投手
若生智男　逸話の多い愛すべき先輩投手
吉田義男　牛若丸と呼ばれた名ショート
辻佳紀　ヒゲ辻と呼ばれた先輩捕手
田淵幸一　著者の前に現れた1969年入団の後輩捕手

[他チーム]
川上哲治　巨人V9の監督
長嶋茂雄　ミスタージャイアンツ。ダンプさんを殺しかけたことも?
王貞治　巨人のホームラン王、江夏の好敵手
金田正一　国鉄—巨人。享栄商高の大先輩でもある400勝左腕

第1章

ダンプと呼ばれる前の日々

西濃運輸時代の著者

高校1年生のときはテストで男子のトップでした

編集者さんからは阪神時代から始めたほうが読者の皆さんも喜ぶのではと言われましたが、さすがにこの本を買った方なら、僕の生い立ちに少しくらい興味があるんじゃないですか。

ないかも？　また失礼な。

確かに若い方は僕を知らんでしょうし、昔からの方でも、僕を若手時代の江夏豊とよく組んだキャッチャーとしか思っていないかもしれません。

どうでもいいと思ったら読み飛ばしてください。

ダンプと呼ばれる、だいぶ前の時代からです。

僕は、昭和17年（1942年）6月18日に愛知県名古屋市で生まれました。6人きょうだいの5人目で、姉が2人、兄が2人、弟が1人です。時々大ケガもしましたが、すくすくと育ち、小学校、中学校は優秀な成績で卒業しています。

披露宴で新郎新婦を紹介するときみたいな出だしですが、事実だから仕方ありません。野球で入れてもらった享栄商高（現享栄高）でも、1年生の秋、全校実力テストの結果発表で、みんなびっくりです。1位は女子生徒だったのですが、2位が「辻恭彦」です。どよめきましたね。僕は野球部の特待生で入学したので、勉強は大したことないと思っていたのでしょう。それから先生も、僕が授業中ぼうっとしていても何も言わなくなりました。

野球は上の兄にくっついて始めました。本当は小学4年生からやりたかったのですが、このころ大きなケガが続きましてね。最初は、その前、小学3年生のときに近くの庄内川で飛び込みをしていたら、当時で言う、かまいたちに頭を切られ、三日月のような傷ができました。病院の先生に「傷が真っすぐだったら命がなかったかもね」と言われ、びっくりです。翌年は左足の指の傷からばい菌が入り、左足のふくらはぎがパンパンに腫れ、鉄道病院に1カ月入院しました。

どちらも、たまたま病院にいい先生がいらしたようで大事には至らず、母親は「このときの2人の先生には随分お世話になったのよ」とよく言っていました。

この2人というか、2という数字が、二番目の捕手が長かった僕の野球人生のキーワードのような気がします。そもそもバッテリーは2人ですし、ヒゲさん（辻佳紀）

と僕、田淵幸一と僕の関係もあります。この本のあとの時代もそうでしたが、人生の節目、節目の使者も、なぜかいつも2人でやってきました。

推理小説じゃありませんから、2という数字が大きな謎を解く伏線になっているわけではありません。「また2か」と時々思っていただければ十分です。

学校の先生からは「野球はケガが完全に治ってからにしよう」と言われ、1年遅らせ、5年生から入りました。当時は半分遊びのようなものですし、守備位置はショートや外野などいろいろです。

キャッチャーは中学校の野球部からです。学校がバットとキャッチャーミット、ファーストミットを用意し、グラブはそれぞれだったのですが、僕の家の財布は、子だくさんもあってグラブを買ってもらえるほど余裕がなかったので、キャッチャーかファーストしかなかったわけです。先にファーストミットを持っていかれ、余っているのがキャッチャーミットでした。これも運命ですね。

肩は昔から強く、小学6年生のとき、ソフトボール投げ大会で名古屋市の大会に出たことがあります。優勝も狙えたと思うのですが、「よし!」と張り切って投げたボールが突然消え、「あれっ?」と思って見回すと、はるか右のスタンドに飛び込んでいました。

なんだか腕がぶらぶらすると思ったらヒジの脱臼です。病院には行かず、メリケン粉に酢を足したものを塗っておいたら痛みは取れましたが、ヒジが完全には伸びなくなってしまいました。プロに入ってからも、普段はなんともないのですが、投げ過ぎると張りが出てしまい、チームドクターには「最初にしっかり治さなかったからだよ」と、よくお叱りを受けました。

中学3年生の9月26日には、担任の小笠原孝子先生同席で、享栄商高の監督と野球部長とお会いし、そこで入学が決まりました。特待生として学費は免除で教材支給。生徒会費100円と名古屋の市電の定期代1カ月360円だけで、消費税もないリーズナブルな高校時代です。

野球部員は全部で180人くらいでしょうか。最初1年生は108人もいて、特待生は僕を含め、8人だったと記憶しています。

当時、野球部で校外にグラウンドをつくろうという話が進んでいて、それはそれで大変素晴らしい話なのですが、作業は土建屋さんだけではなく、僕ら1、2年生もフル稼働でした。天白区の相生山というところだったのですが、4月から1カ月半くらい毎日、作業です。先生の指示で、まずはグラウンドの予定地をスコップ、ツルハシで40センチくらい掘りました。行き帰りは40分ほどのランニングで、これもきつかった。この時期に1年生部員が一気に減りました。

掘ったあと、内野にはセンター方向の高台にあったきれいな砂を敷くことになっていたのですが、ある雨の日、砂を掘っていた場所が落盤し、作業していた同級生の貝沼君が後頭部を打って亡くなりました。ほかにも先輩が4人生き埋めになり、救急車で病院に運ばれています。

監督さんは責任を取って辞任され、新井一監督になりました。

貝沼君が乗り移ってくれたおかげで？ 甲子園出場

野球の練習は、土木作業のあと近くの私学のグラウンドを借りてやっていた3年生に合流しましたが、ボールを使った練習は1年生では僕だけで、参加できない2年生に、いろいろなお説教をされました。昔はどこでもあったことですが、大変です。

僕が姉に買ってもらった新品のバットも、ちょっと意地悪な先輩が勝手に使い、折ってしまいました。いつか後ろからボールをぶつけてやろうと思っていたのですが、やっぱりできませんでした。これはわざとではないと思いますが、打撃練習でキャッチャーをしていたら、上級生が振ったバットが右耳の上にゴツンと当たったこともあります。今も少し膨らんでいて、なぜかそこだけ髪の毛が多いんですよ。

2年生の秋には正捕手になりましたが、突然、右脇の下に大きなしこりができたときはびっくりしました。もう野球はできないんじゃないかと心配したのですが、同級生の加藤君の父親が安城市で整骨院をやっていて、そこで治療してもらうことになりました。運がよかったのは、当時日本に2台しかなかったという高周波の電気治療器があったことです。しばらくして、きれいに治りました。治療代も取られず、行き来も加藤君の定期を借りてと、まったくおカネを使わずに済みました。

3年生の夏の愛知大会では初戦にこんなことがありました。

確か8回だと思いますが、0対1で僕がホームにヘッドスライディングしたとき、捕手のレガースに頭から激突しました。ベンチには普通に戻ったのですが、汗だくだったので頭から水をかぶったら、その瞬間に記憶がなくなりました。

目を開けてみたら合宿所の布団で寝ていて、みんなが心配そうに見ています。「試合は？」と聞いたら、「終わった。勝ったよ」と言われ、ホッとしたのですが、話を聞いてみると、僕は水をかぶったときに倒れたわけじゃなく、そのあともプレーをしていたらしい。延長戦では塁に出て、勝ち越しのホームも踏んだようです。

みんなで「貝沼君のおかげかな」と話しました。僕に貝沼くんが乗り移ったということですね。怖いと言えば怖い話ですが、嫌な感じはしませんでした。

貝沼君のおかげ、ということでは、ほかにもあります。違う試合ですが、三塁走者でいたとき、ベンチのサインではなく、打者とアイコンタクトしてスクイズをしようとなったのですが、意思が通じたと思ったのは僕の早合点らしく、打者がバットを引いてしまった。慌てて帰塁しようとしたら、またも貝沼君が出てくれたのか、捕手の悪送球でホームに生還です。

そのあと準々決勝で強豪の中京商高に勝ち、準決勝、決勝も勝って甲子園出場です。いろいろラッキーなこともあり、みんなで「貝沼君が助けてくれたんだなあ」という話をしました。貝沼君も同級生の僕らと一緒に甲子園に行きたかったのでしょう。

ただ、そこで貝沼君は満足してしまったようです。甲子園には出てこなかった。初戦で中日ドラゴンズに入った広野功がいた徳島商高にあっさり負けです。

翌日、大阪難波の映画館に行き、総天然色大画面の『ベンハー』という映画を見ました。巨人に入った柴田勲が2年生エースだった法政二高が優勝した大会です。

大ピンチ！ 都市対抗に行かなきゃプロ入りはダメ

名古屋に帰ってきて2日目だったと思います。日野重工にいた享栄OBの方2人が学校にいらっしゃって「西濃運輸に入ってくれないか」と誘ってもらいました。西濃運輸は岐阜県に本社があり、硬式野球部をつくったばかりでした。日野重工が西濃運輸と付き合いがあって頼まれたそうです。

口説き文句は「享栄の卒業生のこれからの道をつくるために西濃に入ってくれないか」でした。深くは考えず、親にも相談せず「はい」と答えたと思います。就職活動は大変そうだなと思っていたので、早く決まってよかった、よかったくらいでした。

あとで聞いてびっくりしましたが、監督のところには2、3のプロ球団のスカウトがあいさつに来ていたらしいですね。監督は「あいつは体が小さいので難しいと思います」と断っていたそうです。

会社の仕事もありますし、西濃運輸ではそこまでしゃかりきに練習はしていません。土日はしっかりやりますが、平日は夕方の5時まで働いてから練習です。照明もないので、暗くなる前には終わっていました。「6時を過ぎると残業代がつくから練習はしない」と誰かが言っていましたけど、ほんとですかね。

あの年は秋にあった県の産業別大会で優勝し、次の春は3月に東京であったセンバツ大会運輸部門に出場して4回戦まで行きました。そのたび西濃運輸の東京支店は扱いの荷物が増えて、会社中が大騒ぎになっていたそうです。「お前たちのおかげだ」と随分褒めてもらいました。

この大会で僕は優秀選手賞をいただき、当時の『ベースボールマガジン』にプロ注目のキャッチャーとして写真がデカデカと載っています。よく誤解されるのですが、決して無名の存在でプロ入りしたわけではありません。

大会のあと阪神から契約の話があり、やっぱり深く考えず、「はい」と答えました。4月26日には会社に何も言わず契約をし、契約金をもらっています。翌年から新人が大学・社会人出は開幕から50試合、高校出は100試合出場できないという新人研修制度が始まるので、翌年からではなく、シーズン中に入団してほしいとのことでした。じゃあ、どの時期に入団するのがいいのかなと思っているうちに、夏の都市対抗の東海予選が始まりました。

大会直前だったと思いますが、この年、松山商大から入社した重松省三さんに「おい、辻（当時はダンプとは呼ばれていない）、お前、阪神に行くそうだな」と言われ、誰にも言ってなかったので、どこで聞いたんだろうと驚きながら「はい」と言ったら「俺も大洋に行くんだ」と言われ、またびっくりです。

2人で「一緒に会社にあいさつに行こう」となって、野球部の部長さんと監督さんに「2人ともプロに行くことが決まりました」と言ったら、最初は「そうか、よかったな。会社にとっても喜ばしいことだ。頑張ってくれよ」と言ってくれたのですが、そのあと「ちょっと待ってくれ」となった。そして、

「都市対抗の全国大会に出場できたらにしようか。そしたらＯＫだよ」

と言われてしまいました。

困ったことになったなと重松さんと顔を見合わせました。次の都市対抗となれば、1年先です。今回ダメになったら、球団の人になんて言えばいいかと思いました。

幸い敗者復活戦から勝ち上がり、都市対抗出場が決定。2人のプロ入りに花を添えることができました。

新しい門出を祝福してもらえる形にでき、めでたし、めでたしです。

第2章

なぜか ブルペンの主に なってしまった!

背番号44時代の著者。
なかなか試合出場の
チャンスがなかった

【1962年（昭和37年）】

びっくりした吉田義男さんとのキャッチボール

阪神の担当スカウトは剛腕と言われた佐川直行さんと、元巨人のショートで、名古屋駅の近くで喫茶店をしていた平井三郎さんとやっぱり2人です。名古屋駅横の公園で「バットを振ってみなさい」と言われ、ビュンビュン振ったことを覚えています。

佐川さんは、プロ入り後も僕のことを何かと気に掛けてくれたようです。藤本定義監督と親しい方なので、僕の育成方針についても2人で相談をしていたと思います。それが、これから書いていく僕の謎の〝取り扱い〟につながったのかもしれませんし、まったく関係なかったのかもしれません。

契約金は700万円で、今なら7000万円くらいの価値でしょうか。岐阜の長良川の旅館で契約書にサインをしたとき渡され、母親が札束を新聞紙にくるみ、風呂敷で包んで運びました。家まで40分くらい、ずっと緊張した顔で一言も言葉を発せず、帰って座るなり「疲れた」と言って、しばらく動かなかったことを思い出します。

でも、あの700万円、いつの間にか消えていたんですよ。父親はお堅い鉄道職員だったので安心していたのですが、大豆の先物取引に投資して失敗したようです。もったいないことです。

最初は確か8月3日だと思いますが、阪神が名古屋に遠征で来たとき、佐川さんと平井さんに連れられ、宿舎の『みその旅館』に行きました。あいさつするだけのつもりだったのですが、ミーティングにも参加し、「じゃあ」とユニフォームに着替えさせられ、そのまま中日球場(ナゴヤ球場)に連れて行かれて、いきなり練習参加です。背番号は67が着いていました。

当時はアップと言ってもストレッチもないし、外野のポール間を2回くらいランニングで往復したらすぐキャッチボールです。当然、知り合いは誰もいません。どうしようかと思っていたら、小柄な人が「君、辻君って言うんだよね」と声を掛けてくれ、「じゃあ、僕とキャッチボールをしよう」と言ってもらいました。

それが吉田義男さんです。ショートのベストナイン常連でスーパースター。僕が自分を知っていて当たり前と思ったのでしょうが、まったく知りませんでした。

ラジオならともかく、テレビの野球中継なんてめったに見ない時代です。小、中学生のころ、時々、中日球場の試合は見に行っていたので、中日の選手は多少知っていましたが、阪神の選手なんて誰も知らない。誰か分からないままキャッチボールをしていました。

でも、すぐ「あれ、この人、すごいな」と思いました。体の動きがまったく違う。軽やかで、捕ってからの動きがよどみない。踏ん張りもせず、ヒュッと投げると、ボールがピューンと伸びていきます。

僕も肩には自信があったので、「なんで、こんな小さい人が」とむきになって投げていましたが、吉田さんはどんどん離れていき、距離が遠くなってもまったく変わらず、涼しい顔をしてビュンビュン投げてきました。

こっちは途中から汗だくです。でも、キャッチボールを終わって吉田さんを見たらまったく汗をかいてない。バケモンかと思いました。

後日談もあります。平成14年（2002年）に阪神と巨人のOB戦が仙台であって、吉田さんに「辻君、君は僕と名古屋で最初にキャッチボールしたんだよな」と言われてびっくりしました。すごい記憶力です。卒寿（90歳）のお祝いパーティーで「130歳まで生きます」と宣言されたそうですが、間違いないと思います。

吉田さんは〝牛若丸〟と言われた華麗かつ堅実なショートの守備が有名です。ゴロは両手で捕りにいき、グラブに入ったと思ったら、もう右手につかみ替えていました。ボールがまだ回転していて突き指をしたこともあったそうです。動きが軽快で飛んだり跳ねたりもありましたが、難しい当たりも簡単そうにさばいてしまう方でした。

キャッチャーの僕が一番助かったのが、二盗を刺すときの走者へのタッチです。これがすごくうまい。捕球とタッチがバラバラじゃなく、一体化していたんですよ。捕ったと思ったら次の瞬間、ベースの前にグラブがポンと置いてあって、そこに走者の足が来てアウトという感じです。動きが滑らかなので、僕の送球が少しずれても、いいスローイングをしたように見えました。ありがたいことです。

あとで振り返ると、このときは首脳陣が僕の力を見ようと思っていたのかもしれません。遠征なのに背番号着きのユニフォームも準備してあったから、使えそうならそのまま連れて行く気だったのかもしれないですね。吉田さんとのキャッチボールも藤本さんの指示だったのかな。

ヘッドコーチの青田昇さんの前で「３本打て」と言われ、打撃練習もしましたが、残念ながらボテボテのゴロだけでした。

虎風荘1年目の僕は透明人間だった

そのあと僕は一人で列車に乗って、甲子園のレフトの向こう側にあった虎風荘《こふう》に行きました。このときチームは、いわゆる死のロードの真っ只中で、中日戦のあとは、関東遠征です。僕の同行は誰もおらず、場所だけ聞かされて行きました。

虎風荘は、この年できたばかりの新しい寮です（前年までは若竹荘）。迎えてくれたのが、寮長の杣田登さんと小柴重吉さんの2人でした。小柴さんはもともと審判員だったのが、この年から二軍監督になった方です。合宿内を案内してもらい、最上階の5階奥511号室に入りました。

当時の選手寮では珍しかったけど、みんな個室でね。新築だし快適でしたよ。僕は結婚するまで2年半いました。隣には『阪神甲子園パーク』という遊園地があって、有名なレオポンがいました。ライオンとヒョウの間の子です。

実は寮に着いたとき、汽車に荷物を忘れたのに気づいて青くなっていました。大したものは入ってなかったけど、やっぱり大ショックです。幸先悪いなと思っていたら、杣田さんが「よし、俺が国鉄（現ＪＲ）に連絡しとくから大丈夫だ」と言ってくれ、ほんとにすぐ見つかり、三宮の駅まで取りに行きました。

この件もあって、僕は最初の寮長が、国鉄に顔が利いた、元刑事の沼本喜久雄さんだったと勘違いしていましたが、沼本さんが寮長になったのは昭和45年（1970年）からだったそうです。かなりの大ボケで失礼しました。

夕食のとき、「新しく入った辻だ」と紹介してもらいましたが、その日も次の日になっても入団会見も新聞記者に紹介も何もない。冷たくないですか。

あのころの僕は透明人間みたいなものです。守備を鍛えろとも、打撃を鍛えろとも、誰も何も言ってくれなかった。二軍の試合にも出ず、毎日、ただ練習に参加していただけです。

バッキーのナックルの捕り方を盗む

この年、ある投手との出会いがありました。

ジーン・バッキーです。年上だからバッキーさんと言ったほうがいいのかもしれませんが、ずっとバッキーとしか言ってなかったので、それで通させていただきます。

当時の二軍は、神戸の三宮と芦屋の真ん中あたりの海近くにあった川崎重工のグラウンドを借りて練習していましたが、僕が合流してすぐ見知らぬ外国人が来て、それがバッキーでした。来日したばかりと言っていましたが、僕が入る前にテストを受けていたようです。一度、アメリカに戻ってから再来日しての初練習だったと思います。藤本監督も来ていて、「お前、受けてみろ」と言われました。ほかにもキャッチャーはいたのに、なんで僕に声を掛けたのかはまったく分かりません。それが初めて藤本さんに声を掛けられたときだった気がします。

バッキーはハワイのマイナーでプレーしていた選手で、背がむちゃくちゃ高く（191センチ）、かなりのノーコンでした。さほど球が速いわけではありませんが、角度はあるし、外国人に多い〝くしゃくしゃボール〟です。回転しないからおかしな変化をして、そんな球、今まで見たこともなかったから、捕りづらいったらありゃしません。

陽気な男でしたが、打たれると、すぐカッカするので困りました。でも、僕らに当たるわけじゃない。一人で大暴れして、しばらくすると、気が済んだのか笑顔で冗談を言っていました。野球に関してはいつも一生懸命で、日本で結果を出したいというハングリーさがありました。

バッキーが一番よかったのは、チームが優勝した昭和39年（1964年）で、29勝を挙げ、外国人投手として初めて沢村賞も獲っています。

このときはフォーシームの真っすぐも投げて、それなりに球速は出ていましたが、クセ球は変わらず、あとはナックルボールの変化がものすごかった。右へ左へ揺れながら落ち、1球1球変化が違います。あれはキャッチャー泣かせですね。みんなポロポロこぼしていました。

唯一、戸梶正夫さんという人だけが、これをうまく捕っていました。どうしてだろうと思って、じっと見ていたら、この人はミットを横にせず、網が上になるようにタテに構えていました。横だと落ちていく球を追ったとき、ミットの面が下を向きやすく落球の危険があるのですが、タテだとそのまま下げればいい。あとは捕球のポイントですね。ミットを前に出してボールを迎えにいかず、引き付けて体の近くでポンと捕っていました。ボールが来るところを予測して待ち、イソギンチャクのようにパクッといくキャッチです。

なるほどと思ってマネしているうちに、僕もできるようになり、それからは2ストライクからでもナックルのサインを出せるようになりました。

昔は、技術は盗むものと言われ、コーチがあれこれ細かく教えることはまずなかった。僕自身、打撃のアドバイスは2、3回ありましたが、守備面でコーチや先輩から何かを教わるなんてまったくありませんでした。だから、必死に観察し、いいと思ったらマネて自分のものにしていきました。

話が進み過ぎましたね。バッキーのナックルを普通に捕れるようになったのは随分先です。このときはまだ、ダンプとも呼ばれていない無名の若造時代です。

この年のタイガースは、セ・リーグの優勝チームになりました。小山正明さん、村山実さんのダブルエースの時代です。日本シリーズで東映フライヤーズ（現北海道日本ハムファイターズ）には敗れましたが、2リーグ制になって初めての優勝ですから、大いに盛り上がりました。甲子園の食堂でやったリーグ優勝の祝勝会には僕ら二軍の選手も出て、お祝いでオメガの腕時計をもらっています。

終盤、甲子園の試合には二軍の選手も呼ばれ、相手の三塁側ベンチの脇で見ていたので、向こうの会話もいろいろ聞こえてきました。

国鉄で一番声が大きかったのは、享栄商高の大先輩、400勝投手の金田正一さんです。その試合は投げていなかったのですが、先制ホームランを打った選手に「なんで先に打ったんや！　ワシが打とうと思ったのに」と言っていました。金田さんはピッチャーだけど打撃もよく、代打出場も珍しくありませんでした。

調べてもらったら、あの年の金田さんは６本塁打だったそうです。ちなみに金田さんの通算は４０６安打、38本塁打、打率・１９８、僕は４１８安打、44本塁打、打率・２０９ですから、恥ずかしながら、いい勝負ですね。

村山実さん、小山正明さんの球にWショック？

そのあとの秋季練習で一軍の練習に参加しろと言われ、初めて村山さん、小山さんの球を受けたのですが、ほんと強烈でした。

ブルペンでまず、村山さんから「おい、捕ってくれ」と言われました。1球目が真っすぐでしたが、ゾワーッと青ざめ、そのあと首筋から背中にかけて冷汗がドバッと出ました。あまりの球威にミットが大きく跳ね上がりましたからね。カーブもすごかったです。投げた瞬間、「あっ、すっぽ抜けだ」と思い、立ち上がりかけたら、グググッと曲がってきて、捕るのがやっと。村山さんも「こいつ、大丈夫かな」という顔になっていました。

そのあとのスライダーが一番の衝撃でした。捕ったつもりだったのに耳元をかすった。消えたんです！　今のピッチャーのスライダーは沈むけど、村山さんの球は沈まない。球速もまったく落ちず、真横に滑るように曲がりました。プロ入り前は享栄商高、西濃運輸ともエースはアンダースローでしたし、二軍でもそんなすごい球を投げるピッチャーはいないから、びっくりしました。村山さんも怖くなったのでしょう。慌てて、「もういい。終わろう」と言われました。

次に声を掛けてくれたのが、小山さんです。「その真っ黒な顔をしたキャッチャー、捕ってくれるか」と言われました。〝針の穴をも通す〟とも言われた制球力抜群の方で、「そこにミットを構えろ」と位置と構えを指示され、「構えたらじっとしとけ。動かすな」と言われました。

少しでも動いたら怒られたし、実際、構えたところに寸分たがわずボールが入ってきました。あんな経験は初めてです。

ただね、ミットを動かさないって、ほんと難しい。止まったところからではなく、動きを入れたほうが捕りやすいんですよ。だから今のキャッチャーは、捕球前、一度、ミットを落とすでしょ。

でも、小山さんだけじゃなく、昔のピッチャーはそういうキャッチャーをすぐ怒鳴りつけた。「動かすな！」って。仕方ないから、そこでいろいろ工夫するのですが、その話はまたあとにしましょう。最後まで読んでいただければ出てくると思います。

あのときの僕は、ミットが微妙に動くうえに、うまいこと捕球音をさせることができず、ブスッ、ブスッばっかりでした。結局、小山さんが怒ってしまい、「もういいよ。ヘタクソやな」と言われて終わりです。

小山さんは山本哲也さんとバッテリーを組むことが多かったのですが、確かに哲さんは、ミットも動かさず、パシン、パシンといい音で受けていました。

完全に自信喪失です。泣きはしなかったが、泣きたいくらいでした。その夜はずっと考え込みましたが、結局、このキャンプでは二度と2人の球を捕ることはなく、だからそれ以上、深みにはまらなかったかなとも思います。

小山さんは大毎オリオンズ（現千葉ロッテマリーンズ）の山内一弘さんとの世紀のトレードで、翌年の昭和38年（１９６３年）限りでいなくなったのですが、思い出すのが、サードの三宅秀史さんへの合図です。小山さんは緩いカーブを投げるとき、相手に分からないように、お尻の右ポケットをさっと触っていました。聞いたら三塁手の三宅さんに知らせるためだったそうです。「急に緩い球を投げると、引っ掛けたサードへの打球が多くなるから」と言っていました。

三宅さんは、37年の9月6日、練習中に小山さんの球を左目に当てて大ケガをして離脱してしまいました。僕が三宅さんの守備を見たのは翌年からです。小山さんは視力が落ちた三宅さんに気を遣っていたのでしょう。それでも三宅さんはうまかったですよ。エラーが少なく、肩がすごく強い。一塁への送球は絶対にシュート回転せず、ピシャリと行きます。いつもほれぼれしながら見ていました。

吉田さん、三宅さん、セカンドの鎌田実さん、捕手の山本さんもそうですが、当時の阪神はバッテリーと内野陣の息がすごく合っていた。捕手のサインや構えたミットの位置を見て守備隊形を変え、あうんの呼吸でやっていました。

例外は村山さんです。あの人は捕手が外に構えていても、「狙われているのが分かった」と、いきなり直感でインサイドに投げたりする人でした。吉田さんとは、それでよくケンカになったこともあったそうです。

【1963年（昭和38年）】ヒゲ辻さんのひょろひょろ送球の秘密

続く昭和38年は、1月にバッテリーだけ高知でキャンプをしたのですが、そこでついた愛称が「ダンプ」です。ちなみに背番号は67から44になっています。

きっかけは2つ年上で、この年、明大から入った辻佳紀《よしのり》さんです。同じ捕手、名字もイニシャルも同じ『YT』で、紛らわしいとよく言われました。そのうちコーチの土井垣武さんが、馬力を入れて練習していた僕を「お前は西濃運輸出身で頑丈だし、ダンプカーみたいだな」と言って、近くにいた新聞記者が「じゃあ、ダンプ辻ですね」となった。60年たった今でもそう呼ばれているのですから不思議なものです。

でもね、このときヒゲさんがヒゲさんになったわけではありません。だって、まだヒゲを生やしてなかったですからね。確か昭和41年（1966年）の日米野球のあとだったと思います。ロサンゼルス・ドジャースのジョン・ローズボロというキャッチャーがヒゲを生やしていたのを見てマネしたそうです。そこから「ヒゲ辻」、「ダンプ辻」となりました。

ヒゲさんは例の研修制度もあって50試合までは一緒に二軍でやっていましたが、そのあとはひょいと上がり、僕は制度とは関係ないのに二軍のままでした。

ヒゲさんで不思議だったのがスローイングです。肩は大して強くないから、いつもひょろひょろの球でしたが、なぜか盗塁を刺していたんですよ。

あらためて観察していたら、ヒゲさんの送球は山なりですが、必ずベースの上、それも捕ったらすぐタッチにいけるところに行く。僕は肩には自信があったのですが、少しアバウトでシュート回転することがありました。とはいえ、セカンドに到着するまでの時間は僕のほうがはるかに早かったと思います。

もう一つ見ていて気付いたのですが、ヒゲさんのときと僕のときで二遊間の位置が違っていました。ヒゲさんのときのほうが明らかにセカンドベースから遠くを守っています。だから、例えば三遊間寄りのゴロで、ヒゲさんのときは追いついてゲッツーなのに、僕のときは捕って終わりか、抜けてしまうこともありました。

なぜそうなるのかと、あらためてじっと観察して分かったことがあります。走者一塁で盗塁されたとき、ヒゲさんの送球は安定しているからゆっくり入れますが、僕は球が速いけど変化するから早めに入らなきゃいけない。だから少しベース寄りにポジショニングをしなければ間に合わないわけです。

ちょっと焦りました。年が近いキャッチャーがいたら、その人に勝てない限り、ずっと控えということですからね。どうやったらヒゲさんみたいに球が曲がらず正確に投げられるかと、甲子園のシートノックで後ろからヒゲさんのスローイングを見ていたら、最後のリリースでボールの真ん中に中指があって、１本指で押すみたいな形になっていたんですよ。僕は中指と人差し指で投げていたから、どちらかに掛かると回転してボールが変化するんだと分かりました。

そこから研究して曲がらん球を投げられるようになって、ようやく吉田さんも鎌田さんも信頼してくれるようになったというわけです。

そうそう、肩で思い出しましたが、当時、甲子園の銀傘にボールを投げ上げる遊び、いや、肩の強化練習をしていました。セカンドベースあたりから投げ上げるのですが、そこから上に乗せられたら遠投１００メートルの力があると言われ、僕はそこからさらに後ろの芝生の切れ目あたりからでも届きました。

ただ、屋根に上がった球は転がって甲子園の玄関あたりに落ちるのですが、そこを通る人がラッキーとばかり拾っていくので、ボールがなくなって困るとマネジャーがいつもボヤいていました。

先輩に恨まれた海外キャンプの参加だが……

バッテリーキャンプのあと、前年にリーグ優勝したご褒美の海外キャンプがあって、僕も連れて行ってもらいました。先輩捕手に「なんで一軍出場がない、お前が行くんじゃ！」と怒られましたが、藤本さんからは何も言われなかったし、こっちが聞きたいくらいでした。

僕にとって初めての海外です。まだ成田空港はなく羽田空港から出発しましたが、当時、アメリカ本土への直行便がなかったので、まずはハワイのホノルル空港に向かいました。

ここで失敗です。張り切って新しい革靴を買ったのですが、ちょっと小さめだったんですよ。飛行機では脱いで寛いでいたのですが、気圧の関係もあって足が強烈にむくんでしまい、ハワイに着いたとき、靴を履こうとしたら入らなくて難儀しました。

着陸の前、飛行機の右側の窓からハワイの街や海が見えて、すごくきれいだったのも覚えています。昔の流行歌じゃありませんが、なんと言っても「はるばる、来たぜ、ハワイ」……じゃないか、「晴れた空、そよぐ風」のハワイですからね。なんだか胸がわくわくしていました。

降りたらバスでどこか観光に行くのだとばかり思っていたので、太平洋戦争で日本軍が攻撃したという真珠湾を見たいなと思っていたのですが、そのまま「次の飛行機に乗るぞ」と言われびっくりでした。

空港を出ることもなくロサンゼルスへ行き、さらにニューメキシコに1回降りて給油だけして、やっとフロリダの根っこにあるタンパシティーの空港に到着です。かなり長い旅でした。

そこからバスでデトロイト・タイガースのキャンプ地へ行きました。僕らの宿舎は普段は空軍が使っているそうで、鉄パイプの大きな二段ベッドがある殺風景な部屋でしたが、南国の自然に囲まれたきれいな場所でしたし、最初は楽しかったです。

藤本さんからは新しいミットをもらい、「お、これは今年から一軍で使ってもらえるのかな」とひそかに思ってわくわくしていました。

ただ、このミットがフライパンみたいに平らで硬く、真ん中のくぼみでしか捕れないタイプでした。

使ったことがなかったし、ちょっと嫌な感じでしたが、監督にもらったものですからね。試合でも使ったのですが、ちょうど変則球のバッキーが登板し、案の定、ポロポロと球をこぼしてしまいました。打ってもうまくいかず、試合後、藤本監督に「帰ったら二軍で頑張ってくれ」と言われちゃいました。

そのとき「これから練習をしっかりやって、全力でとにかく3年間やろう。それでダメならやめよう」と思いました。

ちなみに、それまで使っていたミットは享栄商高時代に先輩からもらったもので、当時『シングルミット』と言われたタイプでした。

藤本さんに言われたとおり、結局、この年はほとんど二軍です。一軍は6月に4試合に出ましたが、ヒットはありませんでした。1本だけ惜しかったのが甲子園の巨人戦（6月22日）で、相手投手は北川芳男さんです。フルカウントからレフトのラッキーゾーンの手前まで飛んだと思います。

ファームでは「内野手をやれ」と言われ、しばらくやっていた時期があります。最初はサードをやったのですが、ファウルゾーン方向に切れていく強烈なライナーに反応できず、村山さんのスライダーじゃありませんが、顔の近くをヒュッといったのをきっかけに「危ないからセカンドにしてくれませんか」と自分からコーチにお願いしました。そのあとはセカンドを2カ月くらいやって、併殺もできるようになったのですが、結局、キャッチャーに戻っています。

内野手の経験でスローイングのときのフットワークがよくなったことは確かです。藤本さんの指示のような気がしますが、定かではありません。

一体、藤本さんは僕に期待していたのか、していなかったのか。当時、いくら考えても分からず、漫才師の春日三球・照代さんじゃありませんが、時々、眠れなくなってしまいました。

例えが古い？　今はスマホで調べればなんでも出てくるのでいいんじゃないですか。僕も時々「ダンプ」で検索しますが、最初は怖い顔をした女子プロレスラーが出てきてびっくりしました。

【1964年（昭和39年）】阪神タイガース密輸事件未遂？

昭和39年もやっぱりファームからのスタートでしたが、たまたまだけど、よう打った。ファームで打率も3割4分近くを打って、打率、打点とトップでした。それで8月の終わりに一軍に上がったのですが、打率が阪急ブレーブス（現オリックス・バファローズ）の外野手に抜かれそうになり、「一度ファームに戻って、打率を上げてこい」と言われました。でも、逆に打率を落としてしまい、首位打者は獲れず、打点王だけでした。

この阪急の外野手、名前は忘れましたが、面白い人でね。守備中、大きな声で自分の実況をするんですよ。「打球が来ました。さあ、捕れるか。よし、捕った！」みたいにね。昔は二軍にも個性的な選手がたくさんいました。

打点王になったと言っても、別にバッティングで何かをつかんだとかはありません。なんとなくです。そのあともですが、キャッチャーというのもあって、バッティングは二の次みたいなところがありました。だから時々、何かすごい一打があっても続かなかったのだと思います。今思うと、もったいなかったですね。

実は、このときが僕の最後の二軍出場です。以後、20年間ずっと二軍の試合に出ていません。随分先ですけど、大洋時代に一度、「調整してこい」と言われ、二軍の試合に出そうになったのですが、雨で試合が中止になって、やれやれでした。そのときにはもう、せっかくだから引退後の自慢にしたいと思っていましたからね。

チームは2年ぶりに優勝し、南海ホークス（現福岡ソフトバンク）との日本シリーズもベンチ入りしましたが、試合には出ませんでした。バッキーが頑張りましたが、南海のジョー・スタンカがもっと活躍をして3勝4敗で負けてしまったシリーズです。

覚えているのは、南海の小柄な内野手の国貞泰汎さんの声です。バッキー相手に三振したとき、ベンチで大きな声で「親分（鶴岡一人監督）、あれは打てん。手がすぐそこまで来ているんだ。あれは絶対打てんよ」と言っているのが、こちらのベンチまで聞こえて、笑ってしまいそうになりました。

そのあと、当時あった秋のオープン戦で九州に行き、途中、沖縄でも試合をしました。戦後、沖縄は昭和47年（1972年）までアメリカ軍に統治されていたので、日本人の僕らも行き来はパスポートが必要な〝外国〟でした。藤本さんは参加せず、コーチの誰かが代理で指揮を執っていたと思います。

飛行機を降りてバスで繁華街の国際通りを通って宿舎に向かったのですが、店がぎゅうぎゅうに詰まって、ずっと続いていました。土産物屋が多く、洋酒とかロレックスの時計、貴金属類を買える店もあって、通貨は米ドルでしたが、日本で買うよりはるかに安かった。日本に非課税で持ち込める上限の金額は決まっていたのですが、みんなでここぞとばかり買いあさっていました。

買い過ぎた連中は、若いヤツらに持たせたり、野球道具の中に隠したりしました。グラブやミットのパンヤ（綿）を抜いて、その中にバシバシ詰め込んでね。

僕はそんなに買い込んだわけじゃありませんが、なんとなくドキドキしながら帰りの飛行機に乗って、次の試合があった鹿児島の空港に降りました。荷物検査でバレるんじゃないかと、みんなすごく緊張した顔をしていたんですが、外国人の係員が「ウエルカム！」と言ってフリーパスで通してくれました。

バレていたら「阪神が集団で密輸！」って、のちのち語り継がれたかもしれないですね。捕まらなくてほんとによかったです。

【1965―67年（昭和40―42年）】
いい音を出すのは球が遅い投手のときも大事

「よし！　今年は開幕から一軍で頑張るぞ！」

22歳の若者ダンプが張り切っていた昭和40年春、なんでか知りませんが、一軍にはいたものの、まったく試合に出してくれず、もうず～っとブルペンです。

試合に出してもらえる気配もまったくなく、コーチに聞いても「ブルペンを頼む」だけではっきりしたことは言ってくれない。気持ちを切り替え、ファーム落ちがなく、ずっと一軍だからいいかなと考えるようにしようと思いましたが、試合に出られないのはつらかったです。使ってもらってダメなら納得できますが、そのチャンスすらないわけですしね。しかもブルペンは僕一人で、特に藤本さんは早くから二番手を準備させる人だったから本当に忙しかったです。

最初に先発の球を40から50球くらい受け、そのあとはリリーフでベンチ入りしている8人全員をやっぱり一人50球くらい、中には70球くらい投げる人もいました。次の日の先発の調整もありますから、多いときは600球くらいでしょうか。

当時はカウンターがないので、球数は地面に指で正の字を書いて数えるのですが、僕はしませんでした。分かるからです。

これは翌年の話ですが、渡辺省三さんがコーチになったとき、ブルペンでノートに球数を書きながら見ていらしたのですが、僕がさぼってると思ったんでしょうね。「ダンプ、今、何球だ？」と突然聞かれました、このとき僕がパッと言った球数が正しかったので渡辺さんもびっくりしていました。

でも、ほんと毎日、毎日、よく捕りました……。

一度、コーチに「トヨ（流しそうめんの滑り台のようなもの）をつくってください。捕るのはいいけど、投げ返すのが、しんどくて」と言ったことがあります。捕ったらポンと乗せ、投手までコロコロ転がるやつね。

これはアイデアだけで終わりましたが、実現したものもあります。たぶん日本初の捕手用の椅子です。打撃練習は1時間半近く、ずっと座りっぱなしじゃないですか。これがきつくてねえ。藤本のじいちゃん（藤本治一郎さん。甲子園の伝説的グラウンドキーパー）に「しんどいから、椅子をつくってもらえませんか」と言ったら、金隠し（球避け）つきの椅子をつくってくれ、随分、楽になりました。
巨人で僕と同じくブルペンが長かった淡河弘さんがこの椅子を見て、「いいのを使ってるな」と言ってきたことがありますが、次に後楽園に行ったら、もう同じような椅子を使っていました。さすが巨人です。

藤本のじいちゃんは、ほんとすごかったですよ。土をなめて、「おい、きょうは午後3時から雨だぞ」とか言い、ピタリと当たる。球場づくりのプロでしたね。

嫌々だったのが少し変わったのが、先ほどの渡辺さんとの会話です。現役時代の渡辺さんは、素晴らしいコントロールがあったピッチャーですが、もうベテランだったし、球も速くないので、手が痛くないミットの横で捕っていました。

でも一度、渡辺さんから「ダンプ、俺の球は緩いから、そんな横でポンと捕るんだね」とポツンと言われ、ハッとしました。

実際、横で捕るといい音が出ないんですよ。球が遅い人はそんなに気にしてないのかなと思ったら、やっぱり音はいいほうがうれしいんだなと思いました。

それからは、遅い球でも少しミットを前に押し出してパチンといい音が出るように工夫して捕るようにしました。

ミットもいろいろいじりました。千枚通しでひもをほどいて分解して、中のパンヤの量を調整したり、柔らかくして入れ直したり、革を1枚挟んだりもしました。

しんどかったし、手も痛かったけど、この時期、ブルペンでバカみたいに捕っていたことでキャッチングがうまくなり、パチンといい音を出せば、ピッチャーの機嫌がよくなって、僕を信頼してくれるようになることも分かりました。現役を長くできる技術が身についたのは間違いありません。

もしかしたら、これが藤本さんの目的だったのかなと思ったこともありましたが、そうだとしたら途中で僕のことを忘れたのでしょう。

ほんと、ずっとほったらかしでしたから。

石川緑さんに「毎年一人、若い投手を育てろ」と言われた

ブルペン時代、一番大きかったのが石川緑さんに言われた言葉です。

中日から昭和37年（１９６２年）に阪神に来た下手投げのピッチャーです。愛知県出身で、中日時代、僕の実家の近くに住んでいたのもあって、随分かわいがってもら

いました。

立ち上がりで、その日の出来が分かる人でした。1回でつかまることも多かったから、僕がブルペンにいたときは『先発・石川』となったら最初から次の投手を準備しなきゃいけないのでバタバタです。

ただ、1回を抜けたらもう大丈夫。必ず5、6回は投げられます。2回以降はのんびりやっていたのを思い出します。いくら打たれても、すぐ「次だ、次だ」と元気になる切り替えの早い人で、遠征で宿舎に戻る際には、バスでズボンのベルトを外し、靴下も脱いで、お風呂に一番乗りで入っていました。

この人に言われたのが、「ダンプ、お前、これから長いことやりたいんだったら、毎年、一人いい若いピッチャーをつかまえて教育しろ」です。

要はブルペンで若い投手を育てて、受けるなら僕しかいないと洗脳しちゃうということです。成長して一軍でどんどん活躍するようになれば、自然と自分の出番が増えていく可能性もありますからね。

実際、これは二番手にしかできないことでもあります。試合に出ている捕手は打撃練習もあるし、試合にも出なきゃいけません。いろいろなピッチャーを観察し、洗脳する時間がありません。開き直りじゃないけど、それが強みになるのではないか、と思うようにしました。

その一人が江……いや、あいつを育てたなんて言ったら「おっさん、そんなことないやろ!」と怒られそうだからやめておきます。実際、僕と出会う前から活躍していましたしね。

じゃあ、昭和39年(1964年)に阪神に入ってきた古沢憲司を例にしましょうか。古沢は新居浜東高を中退し、16歳で阪神に入って来た選手です。年の割に体もできていて、力のある真っすぐを投げていましたが、真っすぐが全部スライダー回転してコントロールが今一つ。カーブはホームベースの手前でワンバウンドすることがありました。一軍にはいましたが、あまり大事なところでは使ってもらえず、もったいないなと思いながら見ていました。

それで4、5年目くらいかな。今さらながら古沢の右手首が少し親指側に傾いているのに気が付きました。聞いたら子どものころに手首を骨折したことがあったらしい。ほんのちょっとですが、曲がって固まっちゃったようです。だから手首を真っすぐに振れず、自然とスライダー回転になっていたのです。

そこからコーチでもないのにアドバイスを始めました。ボールを指先に引っ掛けないように、指の腹を使ったリリースの仕方や、踏み出すヒザの力の抜き方を少しずつ教えたことで、腕の振り抜きがスムーズになり、曲がらないちゃんとした真っすぐが投げられるようになりました。スライダー回転の球も武器ですから、なくすのはもったいない。これを無意識じゃなく、意識して投げられるようにしました。

あとはシュートです。踏み込んでくる右打者には、シュートがちょっと曲がるだけですごく有効なんですよ。特に広島カープ（現広島東洋）のバッターですね。サイン盗みが上手だったので、インコースが来るときは、みんなそれを予測して体を開き気味にしていました。古沢の球はスライダー回転するので、ちょうどいいところに行き、よく打たれましたが、シュートを覚えてからは面白いように詰まらせました。

そうそう、古沢には甲子園のブルペンで殺されかかったときがあります。ブルペンの投手は、試合を見ながら投げていますが、捕手はそうもいきません。あれは3回くらいだったと思いますが、古沢があまりに熱心に試合を見ているので、ついつられて見てしまったら、次の瞬間、ボールが目の前に迫っていた。

ブルペンでマスクをしている時代じゃなかったので、ガツンと大きな音がして右目に当たりました。これは死ぬか、視力がなくなるかと思ったのですが、うまく眼球の周りだけに当たったらしく、痛いだけで大丈夫そうな気がしました。

そこで「きょうは開店休業ね」と言って、5回ごろまでずっと濡れたタオルで冷やしていたら特に問題なくなったので、またボールを受けました。チームドクターにも診てもらわず、そのあと病院に行くこともありません。われながら頑丈です。

ついこの間、突然、右目の白目が真っ赤になってしまったことがあります。目薬のおかげで治りかけてきたとき、古沢が亡くなったという知らせを聞き、びっくりです。まだ75歳と若かったのにね。なんとも寂しい気持ちです。

相手にアシストしてもらった？ プロ初本塁打

昭和40年は、嫌になるくらいずっと出番がなく、出場は消化試合になった10月半ばからの9試合だけです。

ただ、そのわずかな打席でプロ第1号ホームランを打っています。広島戦（10月14日、広島）でレフトフェンスぎりぎりの当たりでしたが、レフトの山本一義さんがジャンプしたらボールがグラブに当たって弾み、スタンドに入った一発です。山本さんは次の打席のとき、キャッチャーの僕に「ダンプ、スタンドに入れてやったぞ。よかったな」と笑いながら言っていました。

投手はサウスポーの大羽進さんでした。巨人の王貞治さんキラーと呼ばれた人で、投げる際、上げた足をすぐ下ろさず、ヒザから下をぶらぶらさせてタイミングをずらそうとし、王さんがそのぶらぶらに合わせ、足を上げたり、下げたりしていたこともあります。

一本足打法の王さんのタイミングをずらそうと、あれこれやっていた投手は、ほかにもたくさんいましたが、有名なのは中日の小川健太郎さん（１９６７年の沢村賞投手）でしょう。右投げのアンダースローでしたが、ステップに行く前に、ボールを右側のお尻の下から投げ、有名になった人です。

なぜかこの人は僕をかわいがってくれ、「ダンプ、真ん中にストレートを投げるからヒットを打てよ」と励まされたことがあります。

そうそう、僕は名古屋生まれもあるのか中日の選手にかわいがってもらい、センターの中利夫さん（当時は暁生）にも「ダンプ、苦しくなったら俺のところに打ってこい。ヒットになるぞ」と言われたことがあります。実際、普通なら捕られてしまう当たりをちょっと中さんのスタートが遅れ、ヒットになったことがありましたが、わざとかどうかは僕には分かりません。

厳しく優しく、村山実さんへの感謝

9試合のうちスタメンマスクも結構ありました。最終戦、村山さんと組んでの完封もあり、新聞では「来季楽しみな選手」として名前を挙げてもらいました。

ブルペンでキャッチングや投手の心理観察はやっていましたが、実際の試合はまた違います。最初は僕もまだ本当の配球を分かっていなかった。のちに思うと、根拠のない、おかしな配球が多かったと思います。

大きかったのは村山さんです。スタメンで組んだのは3試合でしたが、僕がブルペンで頑張っているのを知っているからでしょう。いろいろアドバイスをしていただきました。おかしなサインを出すと、マウンドで鬼の形相になってにらんでくるのですが、そのあとベンチに戻って、怒鳴られるかなとびくびくしていると、別人のように優しい顔になり「ダンプ、あそこであんなボールを要求しても打たれてしまうぞ」と言ってくださった。

そのうち、ブルペンと違い、試合は同じ相手、同じような状況であっても1球1球、全部違うことが分かってきました。だから配球を考え、工夫し、いつか村山さんに喜んでほしいと思ってやっていました。実際、うまくいくと「それでいいんだ。いい配球だったぞ」とマウンドから知らせてくれる人でもありました。

それを繰り返しているうちに配球の妙が分かってきて、少しずつですが、打たれないだけでなく、投手の調子のよさを引き出す配球ができるようになってきました。

何年かしてからですが、村山さんにも喜びを与えるような配球ができるようになったと思っています。実際、村山さんは「ダンプのリードは12球団で一番だ」と何度も言ってくれました。

あれだけの大投手を喜ばすリードができたのは大きな自信になりました。だからそのあと、江夏豊や大洋では遠藤一彦らを引っ張れたと思っています。

このころ村山さんにゴルフの会員権を買わないかと言われたことがあります。確か50万円くらいだったのですが、「絶対に上がるから将来のために買ったほうがいいぞ」と言われました。なんとなく面倒だなと思って買わなかったら、そのあと1億円になったという話を聞きました。
おカネには縁のない人生です。

杉下茂監督、なんで僕がブルペン捕手に！

よし今度こそと思った昭和41年は、藤本さんのあとに中日の大エースだった杉下茂さんが監督になりました。

昭和29年（1954年）、杉下さんがエースで中日が日本一になったころ、僕は小学6年生でしたが、何度か中日球場に行って、バックネット裏最前列で見ていたことがあります。高いチケットを買ったとは思えないので、空いていたから、勝手に座っていたのでしょう。はっきりした記憶はないのですが、杉下さんはものすごく落ちるフォークボールが武器で、中腰になったキャッチャーの顔辺りを狙うとストライクゾーンの低めに行くと言っていました。キャッチャーには「俺のフォークは捕らんでもいい。体で止めてくれ」と言っていたそうです。

一度、手のひらを当てさせてもらったら、大きくてびっくりしました。しかも指の関節が柔らかく、びっくりするくらい広く開く。挟む力もものすごくて、フォークの握りで挟んだボールをほかの人が引っ張って抜こうとしても取れませんでした。

中日で杉下さんのフォークを捕っていたキャッチャーに河合保彦さんという方がいて、当時は西鉄ライオンズ（現埼玉西武）でまだ現役でした。面白いと思ったのが、この人のピックオフプレーです。ピッチャーに返球するとき、まったくそっちを見ずに、いきなり一塁に投げるんですよ。あまりアウトはなかった気がしますが、走者がビビるので客席は大ウケでした。僕も何度かマネさせてもらっています。

名古屋生まれの僕が阪神でレギュラーになれるかもしれないとなったタイミングで、子どものころから見ていた杉下さんが監督になった。こうなれば物語はできますよね。

杉下阪神で、若手捕手ダンプのスタメン捕手への抜てきです。

実際は逆でした。

春季キャンプだったと思います。杉下さんが近寄ってきたので、何を言うのかと思ったら「ダンプ、悪いけど、もう少しブルペンで頑張ってくれ」。「はあ、はい」と返事はしましたけど、そのときは状況がよく分かっていませんでした。

2年前に明星高から入った和田徹のバッティングがよかったので、これからはヒゲさんと和田の2人で回していこうとなったようです。

この年、杉下さんが成績不振もあってシーズン途中に辞め、藤本さんが復帰しても同じ。やっぱり、ず～っとブルペンでした。

誰も新人ショートの藤田平に合わさなかった

昭和40年の秋からドラフト制度が始まり、2位で入ってきたのが、市和歌山商高の内野手、藤田平です。バットスイングがものすごく柔らかく、とても新人とは思えなかった。内野守備も最初からうまかったですよ。派手さはないけど、グラブさばきがフワッと軽いショートでした。

ただ、当時のタイガースは、吉田さん、鎌田さんに安藤統男さん（当時は統夫）、本屋敷錦吾さんと、とんでもなくうまい二遊間の内野手がいました。33歳になっていた吉田さんの後継者と期待されていた平は、春のキャンプからショートに入っていましたが、かなり苦労していました。このメンバーとはプレーのスピードがまったく違っていましたからね。

シートノックをしていても、ゲッツーで二塁ベースに入るのが、どうしても遅れる。これはあいつがどうこうというより、ほかの内野手が平に合わせないからです。「鎌田さんのバックトスが速過ぎて捕れなかった」と言っていたこともあったようですが、みんな自分たちのタイミングを変えなかったですからね。

僕が二塁にスローイングするときもそうです。吉田さん、鎌田さんが入るときと同じようなタイミングで投げていたので、平は間に合わず、エラーばっかりです。

そのとき、僕はどうしたと思いますか。平にタイミングを合わす？　合わせ方をアドバイスする？　どっちもブーです。

答えは何もしなかったです。平が捕る、捕らないに関係なく、自分のリズムでやり続けました。これは僕だけじゃない。昔の選手はみんなそうです。意地悪をしているわけじゃなく、この世界、自分でなんとかしなきゃ消えるだけですしね。

実際、オープン戦あたりになったら、平も普通に捕れるようになっていました。二塁ベースに近づいて守るようになったか、入るスピードを上げたか、あるいは次のプレーを予測してタイミングを変えたかは知らんですけどね。

その年はやっぱり吉田さんがショートでしたが、次の年からは平が遊撃の定位置に入り、トコロテンみたいに押し出され、吉田さんはセカンド、鎌田さんは近鉄に移籍です。

阪神は、昔から簡単に選手を出すんですよね。怖い、怖い。

ドキドキハラハラの藤本定義監督への直訴

昭和42年の1年だけだけど、川崎徳次さん（元西鉄ほか）が投手コーチをしていてブルペンにいましたが、この方も面白かった。

二番手をつくったあと、先発の調子がよければ、ブルペンは5回くらいまでは開店休業状態です。試合を見ながらくっちゃべっているんですが、川崎さんは戦争で大変な経験をされた方で、その当時のことをいろいろ話してくださった。高射砲をどのくらいの距離で、どのくらいの角度で打ち出せば飛行機に当たるのかを詳しく説明してくださり、とても楽しかったことを記憶しています。

これだけ試合に出ないと、トレードの話もなかったわけじゃありません。ありがたいことに「欲しい」という話もあったらしいです。

直接言われたのは、西鉄の兼任監督だった中西太さんです。内野手がジャンプした打球がホームランになると言われた大打者です。気さくな方で僕は大好きでした。オープン戦になると必ずあいさつに行っていたのですが、あるとき、「ダンプ、球団には言ってあるから、話が来たら西鉄に来いよ」と言われました。

当時は新幹線も博多まで行ってないし、九州は遠いなと思いました。それでも試合に出られるならいいかと楽しみにしていましたが、話はなく、次に会ったら「おお、ダンプ、そちらもいろいろあるみたいだな」と言われました。

藤本さんが話をつぶしたのでしょうか。

使わない割には僕のことを評価していた……ような気がする監督さんでした。

3年もいたら、もうブルペンの主《ぬし》です。誰にも何も言われんし、なんとなく楽しくなってきた一方、昭和42年10月に次男が生まれ、「このままじゃ選手生活も長くもたんな。クビになったら家族をどうやって食わせていけばいいんだろう」と思うようになりました。

その年のオフ、僕はなんと、神戸の灘にあった藤本さんの家に直訴に行ったんですよ。そんなことをするタイプじゃないので、自分自身、びっくりしながらです。

控え選手が大監督に直々なんて恐れ多いけど、もうヤケクソです。怒られてクビになるかもと思ってビクビクしながら、まずは果物のお土産を買いました。

玄関で「こんにちは」と言ったら、よほど思い詰めた顔をしていたのでしょう。藤本さんが「辻、どうした？　何かあったか」とびっくりした顔で言ってきました。

考えてみたら、僕は藤本さんに自分から話し掛けたことはない。あいさつだけです。次の言葉が出ずに突っ立って、「やっぱり無理だ。このまま帰ろう」と今さらながら弱気の虫が出てきたとき、奥さんが来て優しい声で「辻さんって言うの？　あがって、あがって。お茶でもどうぞ」と言ってくれました。

藤本さんご夫婦の会話は、すごく呼吸がよかった。僕は震えるくらい緊張しながらも、この呼吸はリードのときに似ているな、と思いました。

どう切り出していいのか分からないので、お茶を出していただいたあとも、じっと黙っていたら、僕が口を開く前に、

「来年は和田（この年、71試合に捕手として出場）を外野に回すからヒゲと2人で頑張ってくれ」

と藤本さんが言ってくれました。

助かったと思いました。顔にはっきり書いてあったようなものですが、選手の僕が

「試合に出してください。なんで僕を使わないんですか」と言うんじゃなく、向こうから言ってくれたわけですからね。

こういう話は、絶対いつの間にか漏れて、「ダンプが生意気にも監督に文句を言いに行ったぞ」になりかねません。そうなると、藤本さんが気にしないとしても、いろいろ面倒なことになってしまいます。

ただ、そうは言っても、行かなきゃそのあともずっとブルペンだったかもしれない。あとあと振り返り、「われながらよくやったな」と感心しています。人間、本気になれば相手に伝わるのだなとも思いましたが、そのときは、「まだまだ安心できん。ほんとかな」と疑う気持ちもありました。

藤本さんは『伊予のタヌキ』とも言われ、なかなか腹の底が見えん人でしたからね(出身が昔の伊予、愛媛県だった)。

こっちも大監督の言葉を疑うんだから素直じゃないです。

イラスト=白川茶臼

第3章

天才投手・江夏豊との出会い

昭和43年(1968年)は
打撃でもつかんだ
実感があった

【1968年（昭和43年）】
僕は江夏豊とほとんどしゃべっていない

藤本定義さんは実際、和田徹を外野に回し、僕とヒゲさん（辻佳紀）の捕手2人態勢にしてくれました。このとき柿本実さんに「お前も一軍で出るんだから若い番号のほうがいいだろ」と言われ、石川緑さんが東映に移籍して空いた20をもらいました。今思えば、柿本さんはまだ現役なのに、なんで僕にあんなことを言ったのでしょう。

この年、ヒゲさんが奥さんの病気で少し戦列を離れたこともあり、4月6日、開幕の岡山での広島戦でスタメンマスクをかぶっています。前の年までのブルペン捕手がいきなりだからすごいですよね。ただ、チームは開幕5連敗。僕が先発マスクをかぶった開幕からの1、3、4戦も当然全敗で、そのあとしばらくはヒゲさんがメインの起用になりました。

僕にとって大きかったのは、江夏豊との出会いです。前の昭和42年（1967年）のドラフト1位入団ですが、最初はあまり接点もないし、強い印象はありませんでした。この年も江夏が先発のときはほとんどヒゲさんだったと思います。

それが6月18日のサンケイアトムズ（現東京ヤクルト）戦（神宮）で、江夏がヒゲさんとバッテリーを組んで打ち込まれたとき、藤本さんが江夏じゃなく、ヒゲさんを僕に代えた。僕は普通に捕っていただけですが、ちょうど肩が温まったのもあったのでしょう。江夏は人が変わったようないいピッチングをしていました。

その試合で、ベンチにいたら後ろのほうで藤本さんがコーチと、「ダンプと江夏、呼吸が合っているな」と言っているのが聞こえました。

もうニンマリです。

江夏は球が速いだけじゃなく、投手としてのセンスがほかとは違った。将来絶対にエースになる男です。石川さんの話じゃありませんが、その男と「呼吸が合った」と言われたのですから、しばらくは食いっぱぐれないかなと思いました。

そこからなんとなく、僕が江夏の専属捕手みたいになり、歴史に残る試合でもバッテリーを組ませてもらいました。すごいのはあいつで、僕はただ受けていただけですけどね。

ただ、今まで何十人の記者や作家の人たちに「当時、江夏さんと何を話していたんですか」と聞かれるけど、ほとんど何も話してないんです。ウソじゃないですよ。一緒に飯を食いに行ったことも、お茶に行ったこともありませんから。

当時の僕は無口でしたしね。

初めて腹を割ってしゃべった記憶

一度だけ、少しだけど、あいつと腹を割って話したことがあります。あれは試合が雨で中止になって、室内で球を受けていたときです。あいつが黙ってカーブを放ったんですよ。江夏のカーブは速くて、ほんの少しだけ落ちるスプリットみたいな球です。こっちは真っすぐのつもりだったから、捕れずに腹の下あたりにドンと当たりました。当時、ブルペン捕手は防具なんて着けていません。ちょうどベルトのバックルがあったので助かりましたが、当たりどころが悪かったら、間違いなく病院行きだったと思います。

さすがの僕もカッとして、あいつを呼んで脇に座らせ、

「おい、黙って変化球を投げるな。捕れるか！」

と怒ったのですが、あいつはニヤニヤ笑っているだけ。先輩の威厳も何もありません。「笑ってるけど、まともに当たったら死んでたぞ」と静かに言ったら、やっと少

し真顔になって、

「え、そんなに痛かったの」

と心配そうに言いました。あのあたりが憎めないんですよ、江夏は。

なんとなく話のついでに、あいつの球を受けた感覚などを話していた中で、「お前、どういうピッチャーになりたいんだ」と聞いたんです。

そしたら「ホームランを打たれるのが嫌だ」。

「それだけか」と聞いたら「うん」と答えた。

当時、江夏の1学年上で、近鉄バファローズに同じ左腕の鈴木啓示がいて、随分、勝っていたけど、結構、カンカンとホームランを打たれていました。江夏は「あいつみたいにホームランを打たれるのは嫌だ」と言うから「分かった。じゃあ、少し考える」と答えました。

いろいろ考え、そのあとまた雨天練習場で受けるときがあったので、「アウトコース低めに構えるから、そこに投げろ」と言ったんです。右打者のアウトコースですね。左がそこにきっちり投げたら、ホームランはまず打たれません。

最初のうちは嫌だったらしいですね。サウスポーは、的があって力が入る右打者の懐、クロスファイアにドンドンと投げ込んでいきたいものです。そのほうが〝攻めている〟という意識にもなりますから。

ただ、鈴木がまさにそうだったけど、インコース真っすぐは甘くなると長打がありますす。諸刃の剣というやつですね。

加えて角度があります。左対右のアウトコースだと真ん中に入る角度になりやすい。外角低めにピシャリは簡単じゃありません。

審判をだまし〝江夏ボール〟をつくるまで

断っておきますが、僕が外への投げ方を教えたわけじゃありません。そこに投げろと言って、構えただけです。そこからあいつは、きっちりコントロールするため、いろいろ努力したようです。

指先から放れる微妙な感覚が必要らしく、覚えようと、部屋で畳に寝転んで、天井に向かって当たるか当たらないかのギリギリにボールを投げ上げていたこともあるようです。必ず同じところに落ちるようにね。僕は相談も受けたことがないので、すべてあとで人に聞いた話です。

しばらくしたら、アウトローにビシビシ投げられるようになっていました。たぶん日本人の左ピッチャーが右打者のアウトコース低めにきっちり投げたのは、江夏が最初だったし、そのあとも大していないと思います。外国人は結構、投げますが、彼らは手が大きいんで、逃げながら落ちるスクリューボールがあるからです。

これでリードがすごく楽になりました。初球にそこにポンと投げたら、バッターはまず手を出しません。打っても長打がありませんからね。これで簡単に1ストライクが取れます。そこから相手の顔色を見ながら、これだけ外せ、ここは勝負だとサインを出していくと、外の出し入れだけでも面白いように三振が取れました。

例えば、外2球で2ストライクを取ったあと、最初は外にボール1個、次はボール半分外します。このときは力を抜いた球で構いません。どうせ打たんし、打っても凡打です。それで最後だけ力を入れ、外角低めギリギリで三振です。

こうやって外角にボール半分の出し入れをする目的は、バッターと審判の洗脳もあります。やっていくうちに、江夏は外の真っすぐの制球力がいいというのが頭にインプットされていくからです。

審判に対しては、さらにダンプ魔術をプラスします。ボール1個分くらいなら、外れていてもぎりぎり入っているときと同じ捕り方をするんですよ。ボールと言われても「えっ、外れてる？　入っていると思うけど、ボール半分外れたかな」とか言いながらね。

そのうち〝江夏ボール〟とでも言いますか、江夏と僕のときだけ審判の外へのゾーンが少しずつ広くなります。結果、打者も焦ってボール球でも手を出してきますから、相乗効果ですね。

審判も人間です。江夏だけじゃなく、打者では〝王ボール〟がありました。選球眼がよく、あれだけ打ちまくっている王貞治さんが堂々と見送ると、ぎりぎり入っていても審判はボールとコールしちゃいます。

バッターも文句は言いませんでしたが、ただ一人、言ってきたのが大洋の松原誠でした。2000安打を打った選手で、ファーストの守備もうまく、足の前後開脚でペタリと着けて捕球するくらい股関節が柔らかい人です。

その松原に「ダンプさん、いくらなんでもあれはないでしょう。少し広過ぎだよ」と怒られちゃいました。確かに、そのときはボール2個外れていたと思います。

そうは言っても、ジャッジは審判ですからね。僕に言われても知りません。

審判をだましたと言えば、江夏のときだけじゃありませんが、よくやったのが2ストライクで外に少し外れたボール球が来たときです。捕球からの動きで、さっと立ち上がってベンチに戻ると、審判はなんとなくストライクと手を上げてしまうんですよ。あとで「お前、さっきやったな！」と怒られましたけどね。

札幌で覚醒したコンビネーション

江夏とのバッテリーで、さらに上のレベルに行ける手応えをつかんだのが、7月2日、札幌円山の巨人戦です。ウィリー・カークランドの本塁打で、1対0で勝った試合ですが、あいつはヒットを1本打たれただけの完封勝利です。

あの試合で、僕はその1球だけじゃなく、先を読んでの配球のコツをつかみました。いわゆるコンビネーションですね。振ってくるぞと思ったらボール球を投げさせ、見送ると思ったらポンとストライクを取ることもできました。

江夏もすごくて、全部サインどおりに来た。ミットを動かさんでもポンポン入ってきました。

ヒットは初回で、ライトのカークランドとセカンドの吉田義男さんがお見合いした当たりですが、あれがなかったら間違いなくノーヒットノーランだったでしょう。

ダンプ書庫……、いや、狭～い僕の部屋に積み上げた資料の中から、江夏の対巨人戦の配球をメモしたノートが見つかったので、再録しておきましょう。

最初、この試合かなと思ったのですが、巨人のオーダーが違っていました。ただ、あの試合に近いものです。江夏対Ｖ９巨人と思ってください。

カギは、やっぱり江夏だからこそのアウトローです。追い込まれない限り打者が手を出さないコースを持っていることで、カウントを稼ぐことができ、打者の打ち気が読めるわけです。

もちろん、だからと言ってすべて初球がアウトローじゃありません。そこを狙っていると思ったらインコースからもあります。

１回

一番　柴田勲（スイッチで右打者）

１球目　外角低めにストレートで見逃しストライク。

このときの柴田に打ち気はあると判断

2球目　インローにカーブのボールピッチ。これを空振り

3球目　次が真っすぐかカーブか柴田が迷っていると思い、テンポよくインコースに真っすぐを投げ、見逃し三振

二番　高田繁（右打者。新人）

1球目　インコースに真っすぐで見逃しストライク

2球目　同じところからボール1個分近めに投げ、打ってファウル

3球目　外に外し、ボール

4球目　外したコースより少し低めのボール気味のカーブ。引っ掛けてショートゴロ

三番　長嶋茂雄（右打者）

1球目　ど真ん中真っすぐ。見逃しストライク

2球目　1球目より力ある真っすぐを外角に入れ、見逃しストライク

3球目　インハイのボール球。バットが出掛かるが止まる

4球目　インロー低めいっぱいに江夏特有の伸びのある真っすぐ。

ボールと思ったか手が出ず見逃し三振。チェンジ

2回

四番　**王貞治**（左打者）

1球目　外角低めへのストレート。
　　　　ややスピードは殺し気味でコントロール重視。見逃しストライク

2球目　打ち気なしと見て、同じく外角低めへのストレート。
　　　　今度はスピードを少し上げる。見逃しストライク

3球目　1球外に外し、ボール

4球目　外角のカーブ、低く外れボール

5球目　インコースに勝負球の渾身《こんしん》の真っすぐ。
　　　　空振り三振

五番　**末次民夫**（現利光。右打者）

1球目　外角から入ってくるカーブ。見逃しストライク

2球目　インコースに制球重視の真っすぐ。ファウル

3球目　インコースにドンと力を入れて真っすぐ。やや外れボール

4球目　次は外と読んだと見て裏をかいて、
　　　　もう1球インコースに真っすぐドンで見逃し三振

六番　黒江透修（右打者）
1球目　外角低めの真っすぐ。見逃しストライク
2球目　外角低めに少し外れるボール
3球目　外角低めの真っすぐ。見逃しストライク
4球目　インコース高めにやや外れる真っすぐ。空振り三振

3回

七番　土井正三（右打者）
1球目　甘くなり真ん中へのストレート。セカンド後方へのポテンヒット

八番　森昌彦（現祇晶。左打者）
1球目　バントを警戒しながら外角へ外れるボール
2球目　バントはないと見てカーブを投げ、センターフライ

九番　右打者の投手
　　　　バントをさせないよう速い真っすぐ3球で三振

一番　柴田勲（右打者）
1球目　土井の盗塁を警戒し、外に外しボール
2球目　外角低めへのカーブでショートゴロ

キャッチャーは記憶を武器に相手より先を読む

3回までの10人だけのたぶん若きダンプのシミュレーションメモですが、それぞれのバッターに対応して配球を変えているのが分かると思います。

さらに、1打席目抑えたからと言って、2打席目以降も同じ攻めをするわけではありません。3回の柴田がそうですが、走者の有無、アウトカウントなど状況もありますし、打者も打席を重ねると、その日の投手の調子を見極め、データやコーチの指示、自分の記憶も合わせて狙い球を絞ってくるからです。

キャッチャーは常に相手より先を読みながら勝負していかなくてはいけませんが、そのためにも記憶力は大事な武器です。それまでどんな球で抑えたか、どんな球を打たれたかをすべて頭に入れておく必要があります。

そのうえで状況判断をし、打者の狙いを読んで配球を決めていくわけですが、思考

パターンとして「ああ次は、あのバッターか、あのときどうやって抑えたかな」「前はこうだったから1球目はどうしようかな」じゃなく、テレビのスイッチを入れたら、すぐ映像が出てくるくらいオートマチックに配球が出てくるようにならなければいけません。それも1球だけじゃない。打ち取りパターンが映像として一瞬で頭に浮かぶようになったら本物です。

少し脱線しますが、読者の皆さんに質問です。

電卓を使わず、

25×25、35×35、45×45、55×55、65×65の掛け算5つの答えを言ってください。

1つ5秒あれば十分でしょう。

どうですか、できましたか。

答えは625、1225、2025、3025、4225です。

いちいち1繰り上がって、次は……と計算しているわけではありません。インド式計算と言うのですが、まず下2ケタは1ケタの5を掛け合わせ25、その上のケタは2だったら3、3だったら4と1つ上の数字を掛けるわけです。この仕組みが分かれば、すぐ答えが出るはずです。

配球もそうだと思うんですよ。過去の経験を思い出して、状況を分析して配球を決めていくのは同じなのですが、途中を自動化して省略し、相手バッターが打席に入ったときには打ち取るための配球が一瞬にして頭に思い浮かんでいるということです。もちろん、簡単じゃありません。そのためには試合中だけではなく、365日、四六時中、ずっと考え続ける必要があります。僕自身、そうやって何年もたってからできるようになったことでもあります。

そうは言っても判断に迷うことはあります。その際には探りの球も必要です。相手が待っているかもしれない球から少し外すのがコツですが、そこまできっちり投げられない投手ならボール球でもいいでしょう。待っていた球近くならバッターは振ってこなくても反応はあるはずです。

すべて準備したとおりというわけにはいかないにしても、基本的なことが頭の中にあれば、あとは微調整で済みます。パターンどおりうまくいけば、捕手としての自信につながりますし、投手も「ああ、このキャッチャーはすごいな。サインどおり投げたら抑えられた」となって信頼にもつながるはずです。

キャッチャーというのは注意力、判断力、実行力を常に発揮しなければいけません。

大変ですが、監督の代わりを堂々とできる面白いポジションだと思います。

ちょっと偉そうなこと書いちゃいましたね。

100勝投手のように打者の打ち気が分かる

江夏は時々、サインを無視して棒球をど真ん中に投げてくることがありました。まず打たれないけど、こっちはヒヤヒヤです。「なんであんな球を投げるんだ」と言っても、向こうはニヤニヤするだけでした。

理由が分かったのは、あいつからじゃない。昭和44年（1969年）の仙台遠征で、巨人にいた金田正一さんが新聞社の対談取材で新人の田淵幸一を宿舎に呼んだときがあったんです。金田さんは高校の大先輩なので、頼んでついて行ったら、2人で少し話すチャンスがあって、

「江夏が真ん中にすうっと投げてきて、マウンドで笑っているんですよ。なんですか、あれ？」

と聞いた。そしたら、

「あのな、100勝以上勝っている投手は自信がつくんだ。そうすると、相手の打ち

気が見えてくる。だから投球フォームに入ってからでも打者がこれは打たんとなったときが分かって修正できるんだ」
「あいつ、100勝なんかしてないですよ。3年目ですし」と言ったら「だからすごいんだよ」って言って笑っていました。

このころになると、僕も打者の打ち気自体はなんとなく分かっていたつもりですが、あんな小バカにするような棒球を投げさせる勇気はなかった。やっぱり、最後の最後まで打者の目を見ている投手のほうが嗅覚は鋭いのかもしれないですね。

とはいえ、ダンプも進化します。そこから何年かしたら、「次は安易に投げたら危ないぞ」という予感が前の球からするようになってきました。だから今、テレビで試合中継を見ていても、「ここはホームランを打つぞ」という予想が結構当たります。

そのときは大抵、この本の編集者さんに電話をするのですが、なかなか電話に出ず、打ってしまったあとに話すことが多くなります。そうなると、いかにも後付けで言っているようになるので、困ったものです。

予感の理由はいろいろですが、一番は見送ったときの姿です。バットをトップの位置に引いたとき、ふっという静かな間《ま》があると、これは打つぞと思い、次の球次第もありますが、大抵、打ちます。

これを見抜くのがうまかったのが、南海の野村克也さんです。やばいと思うと、2—2からでも平気でボール球を投げさせていました。同時に打者心理をくすぐるのがうまく、球を見送ったとき、笑ったり、ささやいたりをよくしていました。打者を迷わせ、向こうの間にさせない技術ですね。

話が先走ったついでです。金田さんは、通算400勝を花道に昭和44年限りで引退されましたが、400勝に近づいていたときに対戦がありました（8月14日、後楽園）。金田さんが先発で、巨人は、まず王さんの2ランで先制です。最初、僕はスタメンマスクじゃなかったのですが、2回、カークランドのソロ本塁打で1点差になって一死満塁となったとき、なぜか「ダンプ、ピンチヒッターに行け」となったんです。

実は、その試合前、金田さんにあいさつに行って、「先輩、記念にバットもらえませんか」と言ったら、ポンと気前よく2本くれたんですよ。それをそばで王さん、長嶋さんも見ていた。

そのとき、そのうちの1本を持って打席に入ったのですが、どうなったと思いますか。ホームラン？　いや、そんなすごい話じゃない。でも、レフト線への二塁打ですから、僕としてはびっくりです。

打点も2がつき、逆転で金田さんは交代になりました。ただ、うれしいのもあったのですが、400勝目前の金田さんは、是が非でも勝ちたかったと思います。セカンドベース上で「バットまでもらったのに、先輩に悪いことしたかな」と思っていたら、投手交代の合間に王さんから「ダンプ、先輩が泣いているぞ」と言われ、長嶋さんまで「先輩を泣かすなよ」って。

金田さんの顔は覚えてない、というか、怖くて見ていません。

時々、こうやって僕の自慢話を入れていきますが、そんなに多くないのでご勘弁ください。

なぜか江夏豊を怒らせたサヨナラホームラン

当時の江夏の唯一の変化球が、長嶋さんに「いいフォークだな」と言われたカーブです。長嶋さんは試合後、新聞記者にも「きょうの江夏のフォークはよかったなあ。

あれは打てんよ」と言ってくれるので助かりました。長嶋さんの言葉は必ず記事になるので、ほかの球団の選手も、江夏の球種が１つ増えたように思いますからね。

あいつは手が小さいうえに、抜くんじゃなくて真っすぐと同じような腕の振りで最後にガッとひねっていました。コーチの林義一さんに教わったようですね。そうすると、変化は大きくありませんが、真っすぐみたいな軌道で来て、ボール１個分くらい打者の手元で落ちる球になりました。たぶん、球が速過ぎて、変化する前にミットに収まっていたのだと思います。僕は大洋時代、広島にいた江夏との対戦がありましたが、球が遅くなった分、ちょうどいい具合で曲がる球になっていました。

ただ、江夏は、球種が真っすぐとカーブの2つだけなのに、時々、何度もサインにクビを振った。最初は「そんないくつもサインないぞ」と思ったけど、これも駆け引きだったんですね。タイミングを外したり、相手の狙いも狂わせたりするためだったそうです。こっちも分かってからは武器が１つ増えたと思っていました。

そうそう、あの昭和43年、江夏を怒らせたことがありました。というか、僕はまったく悪くなかったと思うんですけどね。

6月4日、甲子園の大洋戦です。僕は延長10回裏1アウトで打席に入り、高橋重行からプロで初めてのサヨナラホームランを打ちました。この試合、江夏も9回から登板し、2回をピシャリと抑えていたから勝利投手です。

実は、このときバットが折れて困っていたら、西園寺昭夫さんがルイスビルの細めのバットを借してくれ、それで打ったんですよ。ありがたいことです。

でも、帰ってきたら誰も出迎えがいない。ベンチでみんな帰り支度です。昔はそういうことがよくありましたが、勝ち投手になった江夏くらいはいてほしいなと思いました。

しかも、そのあと普通なら江夏と2人並んで記者に話を聞かれるのですが、江夏がどこにもいない。おかしいなと思っていたら、帰り道、選手の行きつけだった『やっこ食堂』のおばちゃんに引き留められ、「江夏さんが『ダンプさんが余計なことをした』と怒っていたわよ」と言われました。

なんでかなと思って、はたと気が付いたんですが、あいつ9、10回と打者6人すべて三振だったんですよ。間違いなく、日本記録だった9連続奪三振を狙っていたのでしょう。それを邪魔されたと思って怒ったんだと思います。

でも、皆さん、そんなの僕に分かりますか。

ヘソを曲げると面倒な男なので、サヨナラ弾を打って、勝利投手をプレゼントした僕なのに、翌日、「すまんかったな」と謝ったら「おお」って言っていました。

またしても江夏豊に怒られた話

江夏には8月の中日戦（8日、中日）で、またしても怒られました。

8回一死で江藤慎一さんが2ストライクからファウルチップした球をミットの土手に当て、落としたときです。ゆっくりだったので、右手をすっと出せば捕れたかもしれないのですが、うまく出せず、落としてしまいました。そしたら江藤さんがホッとしたような笑顔でボールを拾い上げて渡してくれ、マウンドでは江夏が「手を出せば捕れるやろ！」と怒っていました。

江藤さんは結局、セカンドの内野安打です。そのとき「なんで江夏はこんなに怒るのかな」と思ったけど、よく考えたら、江藤さんが三振なら14奪三振だったんですよ。たぶん、江夏は日本記録の18奪三振を狙っていたのだと思います（それまでは阪急・足立光宏の17）。

残り5アウトですから、全員を三振にしなきゃ届きませんが、自信があったのでしょうね。結局、江夏はそのあと三振を3つ足して16奪三振でした。僕が落とさなければタイまではいったかもしれません。

とはいえ、江夏もいつも三振を狙っていたわけではありません。例えば無死、一死で走者三塁のとき、打ち気満々の打者を内野フライに仕留めるのがうまかった。まずアウトローでストライクを取ってから、インハイにボール球を投げるのですが、下から押し上げるように、ややスピードをセーブして投げ、打者からすると浮き上がってくるような球になっていました。打者は犠飛を意識しているから、つい手を出して浅いフライになってしまうわけです。

なんで「ダンプさんのおかげ」と言わんかな……

昭和43年は巨人との優勝争いになったのですが、夏場からの競り合いがものすごかったです。特に首位巨人に2ゲーム差の2位につけての9月17日からの直接対決4連戦（甲子園）ですね（シングル・ダブル・シングル）。

この年最大の天王山であり、球史に残る戦いだったと思います。

まず、1戦目が江夏の先発。スタメンマスクは僕です。江夏は試合前時点で22勝9敗。奪三振は345個で、日本のシーズン記録は昭和36年（1961年）、西鉄・稲尾和久さんの353奪三振だから、あと8個でした。

江夏は初回から飛ばし、4回二死、王さんから三振を奪い、早くもタイ記録をつくっています。

あの試合は、今でも細かいところまでくっきりと思い出します。なぜ？　ダンプのコンピューターをバカにしてはいけません。

いや、ウソです。実は、だいぶ前にNHKの『ヒーローたちの名勝負』という番組に出たんですよ。テーマは、江夏と王さんの対決だったのですが、このときのDVDをもらい、時々、見ているからです。もっと言えば、あれから55年ですが、ありがたいことにテレビ、雑誌と、この試合に関する取材を何十回もされています。

ただ、取材されながら、ずっと気になっていることが2つあります。

一つは僕がいくらしゃべっても大して扱ってもらえないことです。この間、NHKの別の取材では、2時間以上も話したのに出番はちょろっとでした。

まあ、これは仕方ない。主役は江夏と王さんですからね。

ただ、もう一つのことは、ぜひ江夏にも読んでほしいと思います。あいつ、「ダンプさんのおかげです」と絶対に言わんのですよ。少しは言ってくれたら、孫への自慢話になるのにね。お願いしますよ。

まさに神技！　奪三振日本新記録

試合前から江夏がマスコミに「王さんから奪三振の新記録をつくりたい」と言っていたのは知っていました。ただ、だからと言って僕のリードは変わらないですよ。いつもと同じです。

4回に王さんから三振を取ったときは、僕も江夏も何を勘違いしたか、これが新記録だと思っていました。この回は、これでチェンジだったので、大したもんだとボールを江夏に渡しました。

客席からも、すごい歓声が起こって、江夏も少し手を上げたりしながらベンチに向かっていたのですが、ベンチの手前で、スコアをつけていたトレーナーが指を1本立てて「1個足らん」と合図をしてきた。それで江夏に「おい、新記録はあと1つらしいぞ」と言ったら、「えっ」と言って、すっと顔色が変わった。

ご存じのとおり、そのあとがすごかった。

試合は0対0で、相手の先発の高橋一三もいいピッチングをしていました。こうなると、王さんで新記録を決めるためには、まずそれまでの8人のバッターから三振も取らず、点も取られずいかなきゃいけません。

この日の江夏は絶好調だったから、三振を取らんほうが大変かなと思ったら、ほんとに三振なし、ヒット1本だけで次の王さんまで回しました。

僕は何もしていません。だって、やりようがないでしょ。打者に「三振せんとヒットも打たんでください」と頼むわけにはいかないですからね。じゃあ、江夏が何をしたか、と聞かれると、それも分からん。微妙な力加減でやっていたのでしょう。

あいつの顔色が変わったのは、投手の高橋のときだけです。たぶん、「ヒットでもいい。なんとかバットに当ててくれ！」と祈りながら投げていたと思います。

最後は2ストライク1ボールから、果敢にも勇気を持って低めの球を打ってくださり、内野ゴロでした。普通なら手を出さず、見送り三振だったと思います。高橋はもう亡くなってしまいましたが、今さらながら、ありがとうございます。

7回、王さんの打席は、真っすぐ、カーブで2ストライクとし、高めのボール球のあと、最後も高めの真っすぐ。見逃せばボール球だったと思いますが、王さんがブンと振って新記録達成でした。

高橋も頑張って投げて0対0のまま進み、最後、12回裏に江夏が自分でサヨナラヒットを打って勝ちました。いやや、すごい男です。

高橋の話もしておきましょう。20勝を2度達成（1969、1973年）したサウスポーで、阪神は当時、左バッターが多かったこともあって苦手にしていましたが、右バッターもあまり打てなかった。外側に逃げていくアウトローのスクリューボールがあったからです。あれに手を出して空振りしたり、ゴロを打ったりしていました。

そこでまた自慢ですが、僕は高橋が苦手じゃなかった。なぜか分かりますか。僕はスクリューを投げるときが分かったんですよ。

テークバックは同じなんですが、そこから前に出すとき、腕がすっと下がるんです。だから僕は、腕が下がったと思ったら、冗談じゃなく目をつむりました。

スクリューは真っすぐのタイミングで来て緩いから、じっと見ていると、つい手が出てしまいます。目をつぶったら振りたくても振れない。見送ったら大概ボールですし、もともとコントロールがいいピッチャーじゃなかったので、そのあとカウントを取りにきた甘い球を打たせてもらいました。

土井正三に見抜かれた江夏豊のクセ

江夏の真っすぐは速かったけど、それだけじゃない。全部違う球なんです。１球１球、力を抜いたり入れたり、同じコースへの真っすぐでも全部違う球を投げることができました。加減はあいつが勝手にやっていましたが、唯一、「１２０パーセントで投げろ！」というプラスアルファのサインは決めていて、それを投げると誰も打てませんでした。

江夏のすごいのは力を加減してもフォームが変わらないことです。バランス、リズム、テンポは全部同じで球速を変えることができる男でした。やっぱり天才としか言いようがありません。

速いだけではなく、コントロールもよかった。江夏は腕じゃなく、腰回りの回転で投げているんですよ。体が回っていくのに自然と腕がついていくから、手先で狙わなくても思ったところに投げられるし、同じところに何球でも投げられます。

しかもフォームに間《ま》があって、球を放すのがすごく前。バッターはピッチャーの体の動きに合わせてタイミングを取っていますが、対江夏の打席だと、打者が打ちにいっても、まだ腕が出てこないんです。あの間で打者を観察し、瞬時に力加減を変えていました。

ただ、そういう天才でもフォームのクセはありました。最初に教えてくれたのは黒メガネのトレーナー、猿木忠男です。あいつが「ダンプさん、俺、江夏のクセが分かりますよ」と言ってきた。

走者がおらんときの江夏のフォームを思い出してください。腹の上に偉そうにグラブを置いて体揺らすでしょ。そのとき、グラブの背が正面を向いているか、あるいは下側にあるかで分かるというんです。

へえ、と思って見ていたら確かにそうでした。真っすぐを投げるときは、グラブが正面を向き、そこから胸を起こすように張るような動きがあり、カーブはグラブが下で、体が持ち上がるような動きもなく、すっと投げていました。

猿木に分かって僕が分からんかったのは、ちょっと悔しかったですけど、「言われてみたらそうかな」くらいのほんの少しです。

これを見抜いていたのが巨人です。当時、確証はなかったのですが、一度、土井にインローに食い込んでいくカーブを投げたら、三塁線をきれいに抜かれたことがあります。腹が立ちましたね。だって、あの球を土井に打たれるわけがないんです。

お互い引退して、マスターズ・リーグ（かつてあったOB選手のリーグ戦）で会ったときですが、本人に「なんで打てたの？」と聞いたら、ニヤニヤして「分かっていたからだよ」と白状してくれました。

ただ、このときくらいです。ほかは球種がバレているかなと思っても抑えました。分かっても打てないくらい、江夏の真っすぐもカーブもよかったですからね。

この年、江夏は日本記録どころか、当時の世界記録、ドジャースのサンディ・コーファックスの382を抜く401奪三振を記録したのですが、僕はまったく記録は気にしていませんでした。三振だけがアウトを取る方法じゃありませんからね。ただ、もし江夏が「ダンプさん、もっと三振取れるリードをしてくれ」と言ったら、間違いなく、30は増やせたと思います。

なぜ天才的なけん制をやめたのか

江夏の話をすると、読者の皆さんが喜ぶと聞きましたので、もう少し書いておきましょう。けん制です。

あいつのけん制は天才的でした。今よりボークのルールが緩かったのもあるけど、ほとんど刺しましたからね。走者をまったく見ないんですよ。それで見ないまま捕手に投げるのと、まったく変わらんリズムで、シャッと一塁に投げて殺した。

でも、いつだったか巨人の川上哲治監督が「江夏のけん制はボークだ。関西の審判は甘い」と文句を言ってから、ヘソを曲げたのか、巨人戦ではまったくけん制をしなくなりました。川上監督は、ヤクルト監督時代の野村さんじゃないけど、結構、マスコミを使って嫌がらせをしてくる人でした。

江夏と審判と言って思い出すのが、岡田功さんです。この人は関東担当の審判ですが、阪神が開幕してすぐ関東のゲームがあるときは、ほとんど岡田さんが球審だったような気がします。

なぜ思い出すかと言えば、江夏が先発したゲームの初回、「えっ、岡田さん。そりゃないでしょう」と思うことが必ずあったからです。

低めの球の見極めですね。江夏が低めに勝負球を投げ、こっちは「よし！　ストライク」と思っていると、岡田さんは必ず「ボール」と涼しい顔でコールする。昔は審判とキャッチャーの会話も普通にあったので、僕が「なんでですか？」と聞くと、「低いし、ボールにしか見えないよ」とおっしゃる。

江夏の低めの球は違うんですよ。普通なら少し落ちてボールになってしまうような球でも、あいつの低めの球は、ほかのピッチャーと違ってドンと伸びてくる。

シーズンが進んでいくと、岡田さんもそれが分かってストライクにするのですが、シーズン初めで、しかもゲームの最初だからそれが見えんのでしょうね。

でもね、毎年、毎年、同じやり取りをしていたんで、さすがに「もう分かっているでしょ」と言いたくなるときもありました。

岡田功審判で思い出した話

江夏とも僕ともまったく関係ありませんが、岡田さんで思い出した試合をもう一つ挙げておきます。昭和44年（１９６９年）、後楽園での巨人―阪急の日本シリーズ第

4戦です。僕はテレビで観戦していました。

これもクセ者・土井が関係しているので、マスターズ・リーグで一緒になったとき、聞いたことがあります。

「あれは2つがすごかったな。どう、俺が何をすごいと思ったのか分かる？」

このとき土井と僕は意見が一致したんです。

「岡田さんの目とカメラマン」と――。


ダブルスチールで、一塁走者の王さんが二盗を仕掛け、三塁にいた土井がホームを突いたシーンです。阪急のキャッチャー・岡村浩二さんが二塁に投げた球を前に出て捕ったセカンドが返球し、かなり際どいタイミングになったのですが、球審の岡田さんは「セーフ！」と立派な大きな声で言いました。

岡村さんのブロックで土井は吹っ飛んでいましたし、球場にいた人は、ほとんどアウトと思ったはずです。岡村さんも頭に血が上って、岡田さんに手を出して退場。日本シリーズでは初めての退場だったらしいですね。

当時はコリジョン・ルールなんてないし、岡村さんはブロックがすごくうまいキャッチャーでしたが、あのときのブロックは100パーセントのものではなかったと思います。映像で見ると分かりますが、セカンドからのバックホームが、少々体の右サイド、一塁側の打席方向にそれていました。そのため岡村さんは上体を向ける前に左ヒザ下だけを急いで走者に向け、ブロックに行っています。これによって股下の空間がいつもより広くなっていました。

そうは言っても、走者が土井じゃなかったら普通にアウトにできるブロックです。土井はその隙間が見え、滑るのではなく、足を入れなきゃいけないと思い、左足だけをスポッと入れたらしい。実際、滑ったり、体当たりならアウトだったと思います。さすがクセ者です。野球をよく知っています。しかも、これは土井の反射神経の素晴らしさもあると思いますが、足先をホームベースに入れて踏んだあと、捕手に当たらず飛び上がった。そのまま捕手に行ったらヒザを壊していたかもしれません。「体を引き気味に足だけひょいと入れたから、岡村さんもタイミングが合わずセーフになったんじゃないか」と土井も言っていました。

ただ、当時はリプレー検証がある時代ではありませんから、1回出したジャッジが覆ることはまずありません。いくら土井がすごくても、それを見る岡田さんの目がなきゃセーフにはなっていなかったということです。

土井と2人で、もう一つ「すごいな」と言ったのがカメラマンです。このクロスプレーで、白いベースに土井の足が着いている写真が次の日の朝刊にドンと載っていました。あの1枚がなければ、世紀の誤審として語り継がれていたかもしれません。

2人の球審に後ろから蹴られた話

審判で思い出した話をもう一つしておきましょう。

福井宏さんです。小柄な人でしたが、カウントを宣告するとき、ヒジから先を指までピンと伸ばしてコールするタイプで「ストライク！」のコールは甲高く、声を伸ばし気味でした。顔を合わせると、いつも「ダンちゃん、行こうぜ。元気にな！」と声を掛けてくれた人です。

なのに、神宮でいけないと知りつつ悪いことをしてしまいました。

これは昭和45年（1970年）の話ですが、ヤクルトアトムズ戦で相手バッターは大塚徹。カウントは2―2だったかな。大塚が振ったら空振りではなく、少しバットにかすって地面に着いてから捕ったのですが、福井さんからは見えてなかった。それで三振のコールをしてもらったあと、大塚が「ワンバウンド。地面に当たって捕った」と抗議してきて、福井さんが確認のため、「ダンちゃん、ボールを見せて」と。

こっちは当然、ワンバウンドしたのを分かっているわけですが、ボールを見たら、地面に着いたところだけ色がついていて、着いてないほうはきれいでした。いたずら心もあって、汚れたほうを下にし、何もないきれいなほうを「これです」と福井さんに見せたら、「汚れてないな、じゃあアウト」になりました。

インチキ？　いやいや、テクニックと言ってください。

ただ、そのあと気づいたのでしょう。福井さんが後ろから僕を蹴っ飛ばして「ダンちゃん、あれ、着いていただろ」と怒られちゃいました。

蹴飛ばされたと言っても福井さんは足先でコツンくらいでしたが、ほんとに蹴ってきたのが露崎元弥さんです。

この人はパ・リーグの審判でしたが、昭和43年の1年だけセ、パ2人ずつの審判を交換する審判交流があったんですよ。そのときパから来た一人が露崎さんでした。

初対面で、「ダンちゃん、パ・リーグから来た露崎だ。よろしくな！」と大きな声であいさつされたことを覚えています。

元ボクサーで気が強く、東映の暴れん坊・白仁天とケンカになりかけたこともあったようです。ストライクや三振のゼスチャーも派手な人でね。後楽園球場の巨人戦で球審をしたとき、テレビを見ている人から「あの派手な審判は誰だ」という問い合わせがたくさん来たらしいです。


この人が時々、後ろからマジで僕を蹴っ飛ばしたんですよ。「いて!」と言って振り向くと、

「いい音を出してくれよ。パチンと捕ってくれ!」といつも言っていました。

実際、パチンと音を立てて捕ったら、少々ボールでもストライクにしてくれましたが、逆に「音が悪いからボール」もありました。困った人です。

鍼灸《しんきゅう》の資格を持っていて、試合前、いつも首に針を打っていました。打つと目がパッと開いて、よく見えるらしいですね。だからと言って正確なジャッジだったかというと、少し口をもごもごさせてもらいます。

審判の話をもう少し続けます。僕が一番親しかったのが松下充男さんです。関西所属の審判で年もそんなに違わないこともあり、気が合いました。

たまたま僕がスタメン出場をする試合の前、甲子園のベンチ横の通路で鉢合わせしたことがあるんですよ。何年かは忘れましたが、僕がまだペーペーで、スタメンなんてめったになかった時期です。

僕が「きょうスタメンなんだよ」と言ったら、「ダンちゃん、きょう僕はレフト（の線審）だから1本来たら少々でも行くよ」と言ってくれたことがあります。

偶然ってあるんですよね。たまたまレフトポールの上に行く打球が飛んだんです。ファウルかと思いましたが、際どかったし、まっちゃんの言葉もあります。「よし、よっしゃ！」と思ったのですが、松下線審のジャッジは「ファウル」でした。あと30センチくらいの打球だったと思います。

あとで「ゴメン」と言われましたが、そのとき思ったのは、瞬時に出す答えはごまかしなく、正しい姿が出るんだなということです。嫌味ではなく「さすがまっちゃん、いい審判だな」とも思いました。

これがきっかけというわけではありませんが、僕は審判の観察をかなりしました。

それぞれの性格や傾向があったので、それを把握すると有利になりますからね。ただ、僕はジャッジの文句は時々、言いましたが、「ヘタクソ」とか悪口は絶対に言いませんでした。

キャッチャーにとって審判は大事な人です。味方ベンチがヤジっていると「大丈夫、ヤジらんようにあとで言っておきますよ」といつも言っていました。

バッキー乱闘事件は防げたかもしれない？

話を昭和43年、江夏が奪三振日本記録を達成した4連戦に戻しましょう。翌9月18日は有名な乱闘が起こった日です。乱闘は何度も見ていますけど、あれは激しかったですね。

ダブルヘッダーの2試合目で、バッキーが王さんに危険球を投げ、そこからもみ合いになってバッキーが巨人のコーチの荒川博さんの頭を右手で殴ってしまった。そのときバッキーは殴った右手の親指を骨折してシーズンは終わりになりました。翌年は近鉄に行って1年で引退ですから、かわいそうなことをしましたね。

僕は当時、ずっとスタメンマスクをかぶっていたのですが、藤本さんに「ダンプ、お前は休んどけ」と言われて、18日のダブルヘッダーは2試合ともヒゲさんが受けていました。

ただ、ヒゲさんがどうこうじゃなく、僕が試合に出ていたら、バッキーをうまく操れた気がしてならんのです。立ち上がりから調子が悪くて、ずっとイライラしていたけど、バッキーが投げたがる配球と、いいタイミングの声掛けをすれば、少しは機嫌が直ったと思うんですけどね。

試合は巨人の大勝でしたが、これに勝っていたら阪神の優勝もあったのでは、と言われた試合でもあります。ただ、だから僕がこのダブルヘッダーもスタメンで出ていたら優勝が……とは言えません。

この日の1試合目はヒゲさんと村山実さんのバッテリーで、村山さんが完封、ヒゲさんが巨人の堀内恒夫からサヨナラホームランを打っての勝利です（2対0）。僕が出ていたら堀内からホームランなんて打てないから、たぶん負けていたでしょうね。

バッキーが退場のあとがまたすごかった。交代した権藤正利さんが王さんの頭部にまさかの死球です。王さんは担架で運ばれ、また乱闘になりました。

権藤さんは続投だったのですが、騒然とした雰囲気の中で、次の長嶋さんがなんとホームランです。ダイヤモンドをにこりともせず1周する姿を見て、敵ながら「カッコいい人だな」と思いました。

ルールはキャッチャーの味方になる

続く3連戦最後の翌19日は、僕がスタメンマスクをかぶり、江夏の完封で3対0の勝利です。暑い日でしたし、中1日の江夏は投げ終わったらロッカールームでぶっ倒れていました。

江夏の中1日には、ちょっとした舞台裏があります。

この1カ月くらい前だと思いますが、藤本監督が前の日に完投勝利した江夏に室内で100球以上投げさせたことがあります。僕は、「よう投げさせるな。なんでかな」と思いながら受けていたんですが、藤本さんは、正念場が予想された4連戦で、最初に投げたあと、中1日で江夏にもう1試合投げさせることができるか試したんでしょうね。用意周到な方でしたから。

ただ、やっぱり巨人は強かった。そのあと後楽園での3連戦では江夏も打たれ、1

勝2敗で負け越し、優勝はやっぱり巨人でした。

この4連戦ではありませんが、この年、巨人監督の川上さんに褒められたことを思い出したので、ついでに書いておきます。あれも甲子園の巨人戦でしたが、ダブルスチールのとき、空振りをした末次がスローイングを邪魔するように前に出てきたんですよ。避けながらセカンドまで投げられんこともなかったけど、わざと投げづらそうな感じで投手にだけ戻し、審判にアピールして守備妨害です。

試合後、川上さんが記者たちに「きょうは辻にうまいことやられた」と言っていたらしいです。その直後、お互いの移動日に、たまたま駅のホームで川上さんと会ったら、「辻君は大きくないな」と言うから「はい、こんなもんです」と答え、「もっと大きく見えたのにな」と言っていました。

グラウンドでは大きく見えているのかなと思って、なんだかうれしかったです。

ちなみにルールを知っておくのは捕手にとってすごく大事なことです。僕はコーチ時代、若い捕手に「ルールブックの捕手に関するところだけでいいから、何度も書き写して覚えなさい」と言っていました。ルールが味方になってくれることはたくさんありますからね。

例えばですが、この間、プロ野球中継を見ていたら、捕手前の送りバントで、ラインの内側を走っている走者が邪魔になって暴投し、セーフになったシーンがありました。これは間違いなく守備妨害です。そういうとき、僕はわざと一塁へ高投してから審判にアピールし、アウトにしてもらっていました。

ダンプ、生涯唯一の予告ホームラン

昔からなんだか気が合う日刊スポーツの記者ヨネちゃん（米谷輝昭さん）が、『週刊ベースボール』の連載が１００回になったとき、お祝いの手紙と一緒に新聞のコピーを送ってくれました。この昭和43年の5月21日の『日刊スポーツ』一面で、見出しには、『江夏、若さで〝２１３球〟』とあります。

江夏が延長12回を投げ抜いて大洋に勝った試合なのですが（川崎球場。前日の20日の試合）、大きな写真で僕が載っているので記念に入れてくれたようです。

一面になったことがなかったわけじゃありませんが、マスクをかぶっていたり、ピッチャーの横で顔が見えんことが多かった。そもそもたまたま写っていただけというときがほとんどでしたしね。それが、この新聞ははっきりマスクを取った顔が見えて、僕のファインプレーという説明文も入っていました。

しかも、この試合で、僕はなんと決勝ホームランを打っていたんですよ。もっと言えば、生涯で唯一の予告ホームランです。

4対4で延長となった12回表でした。2アウトで僕に打席が回ると、顔見知りのグラウンドボーイから「ダンプさん、早く終わらせてよ」と言われました。ちょっと江夏がバタバタし、長い試合になっていましたからね。江夏のいいときは12回投げても球数が200なんていきません。

もちろん冗談ですが、「よし、任せとけ!」と言って打席に入り、思い切って振ったらホームランになっちゃいました。相手は平岡一郎という左ピッチャーでしたが、こっちがびっくりです。

裏の回を江夏が締めて5対4で勝利です。コピーの記事をじっくり読んだら、試合後の江夏がピッチング内容を聞かれ、「辻さんがすべて知ってますから」と言ったらしい。初々しいね、あいつもまだ。

チワワに似た幸運の迷い犬

その直後、5月25日の巨人戦でも思い出に残っているホームランがあります。東映から巨人に入った嵯峨健四郎さんからの一発です。

インコースへのスライダー系の球を振ったら、甲子園のレフトのポールの上へ特大の3ランです。みんなびっくりしていましたが、一番びっくりしたのは僕です。生涯で一番きれいに飛んだ一発だと思います。

もっと言えば、打席は少ないのですが、この試合が終わった時点で打率・314ですよ！　すごくないですか。

なんとなくですが、打撃をつかみかけた時期ではありました。きっかけはインコースがうまく打てなかったのを岩本章良さんと小鶴誠さんの2人のコーチから「左足を少し開いて構えたら」と言われてやってみたことです。すごくしっくりきました。バットを短く持っていたこともあり、最初は外が少し遠く感じましたが、右足をボックスの捕手寄りホームベース側のぎりぎりまで出して、少し左肩を入れたら届くようになりました。

僕は選手時代、ほとんど誰かに教わったことがありませんが、これはその数少ないアドバイスがはまったときです。

このころから家で育て始めたのが、チワワに似た犬です。女房によれば、ある日、家の庭に入って来て、そのまま出て行かなくなったので、子どもと相談して育てることを決めたそうです。僕はホームランを打って上機嫌で帰ってきた日に言われたので、反対もせず、「いいよ」と言いました。

結果的には、この犬が来てから、僕のゲームでの結果がすごくよくなった。まさに幸運を運ぶ犬でした。

すごく長生きをして昭和59年（１９８４年）6月11日に老衰で亡くなりました。なんで日にちまで覚えているかというと、大洋監督の関根潤三さんにクビを言い渡された日だったからです。僕の選手生活を見届け、僕の手の中で息を引き取りました。名前はピピです。丁重に埋葬したのは言うまでもありません。

この昭和43年は、僕は、ヒゲさんとの併用ながらヒゲさんより少しだけたくさん試合に出ています（86試合。辻佳78試合）。打率も後半少し落ちましたが、・254と悪くないでしょ。阪神のチーム打率が・229ですしね。今度こそ「よし、来年は本当の正捕手になるぞ！　頑張るぞ」と思いました。

名人芸だったヘソキャッチでいたずらも

また自慢話をちょろっと入れます。僕はエラーがついていたかもしれない打球が2つありましたが、それはやむを得ぬ理由があり、自分の中ではキャッチャーフライを一度も捕り損なったことはないと思っています。

それは、この年、ノッカーをしてくれた梅本正之さんのおかげもありました。二軍コーチが長く、のち寮長にもなった方ですが、この人のノックは天才的で、普通のコーチが苦手とするキャッチャーフライを毎日5本きれいに上げてくれました。

慣れてからですが、2人でベンチ前の新聞記者たちをからかって遊ぶのもよくやっていました。梅本さんが上げたら、僕が「危ない、危ない！」と大声を出して突進していき、みんながびびって頭を隠しますよね。そこでポンと平気な顔をしてポケットキャッチしてニヤリです。梅本さんが誰にも当たらんぎりぎりに上げる技術があったからこその遊びです。ほんとに当たったら危ないですからね。

知っている人は知っていると思いますが、僕は大抵のフライをヘソの前で捕るポケットキャッチをしていました。最初は普通に顔の前で捕っていたのですが、アメリカの野球の本に少し低い位置で捕り、そのまま抱き込むようなキャッチングの写真があって、「これ、俺もできるな」と思ったんですよ。

遊び半分で捕球位置を下げていき、どうせなら当時タイガースでコーチ兼通訳をしていた山田伝さん（元阪急ほかの日系人選手）みたいにヘソの前で捕ったら面白いなと思ってやるようになりました。伝さんは外野手でしたが、すべての打球をヘソの前で捕り、『ヘソ伝』と言われた人です。

大事なのは予測です。フライが上がったとき、一瞬でそれがどういう打球か判断できれば、落下点が分かり、余裕でヘソキャッチができるわけです。

面白かったのが、広島の衣笠祥雄です。あいつが真上に打ち上げたときがあるのですが、ちらっと打球を見て、ホームベースの上に落ちてくるのが分かった。

だから、僕はそれから上を見ず、衣笠の顔を見ながら突っ立っていたんですよ。あいつもスタンドに行くファウルだから僕があきらめたと思ったのか、動かず2人で見つめ合っていました。

それで上から落ちてきた球を、あいつの目を見ながらヘソのあたりでポンと捕ったんです。顔を真っ赤にして「ダンプさん、その捕り方はないよ！」と怒っていました。

【1969年（昭和44年）】いつまでたってもナンバーワンになれない運命

そのオフ、ドラフト1位で法政大学からとんでもないヤツが入ってきました。田淵です。東京六大学で22本塁打の新記録をつくった人気者のキャッチャーで、まさに鳴り物入りでした。巨人を希望していたのに阪神が強行指名をしたらしい。余計なことをする人がいるものです。

これも僕の運命ですよね。どうやったってナンバーワンにはなれない。「よし！」と思ったら必ず何か邪魔が入ります。

ただね、強がりじゃなく、最初は田淵を見ても何も思わなかった。キャッチャーとしてはミットが流れるクセがあったし、肩もただ強いだけ。体が細くてひょろひょろしてバッティングも大したことないように見えました。春季キャンプで田淵の打撃練習を僕とヒゲさんが隅っこで見ていて、聞こえないように「俺らのほうが飛ぶな」と言っていたくらいです。

実際、このキャンプで生まれて初めて特打というのをキャッチャー3人でやったのですが、僕とヒゲさんのほうが打球は飛びました。当時の新聞で記事になったこともあったので、ご存じの方もいると思います。

そうは言ってもスターは強いです。シーズンが始まったら使われるのは田淵。甘いマスクもあって人気もすごかった。僕が出ようものなら、味方のファンから「ダンプ代われ、うちに帰れ！」とヤジられました。そこまで言わなくてもいいのにね。

ただ、完全にブルペン生活に戻ったわけではなく、二番手捕手として、それなりには使ってもらいました。ヒゲさんは出番がぐんと減って、オフに近鉄に移籍となっています。

緩い球の次に緩い球を投げ、緩緩急で勝負

ここでまた、ブルペンで投手を育てることを真剣に考え始めたわけです。前年（1968年）もやらんかったわけではありませんが、試合に出ていると時間が限ら

れてきますからね。

見回すと昭和43年（1968年）に近鉄から来た伊藤幸男がいました。伊藤は僕と同学年で、奥さんは花村菊江さんという有名な演歌歌手です。紅白歌合戦にも出た人ですが、オフになると、伊藤の家に奥様集団がパーティーをしに集まって、うちの奥さんも招待されたことがありました。

近鉄では大した結果を出しておらず、阪神でも1年目は0勝です。僕とすればチャンスでした。自分の力でいかに変えることができるかの勝負ができます。

伊藤に「俺がお前を一人前にするから」と偉そうに言ったわけじゃありません。まずは、じっと観察です。この選手の特徴は何か、それをどう生かしたピッチングが有効なのかを考えました。球を受けているときだけじゃないですよ。伊藤というピッチャーの姿、球筋、性格までみんな頭に入れ、四六時中考えました。

あいつの球種は大して速くない真っすぐと、コントロールが今一つのカーブ、スライダー、フォークの4種類です。背が高く、体は柔らかく、ゆったりした間合いで投げるタイプでした。

ただ、腕の振りは結構、力強い、というか、少し力んで見えました。真っすぐやフォークはそれでもいいんですが、カーブ、スライダーを投げるときは、もう少し力を抜いて球速を落としたほうがいい。まずは、この2球種の際、フォームのためをつくり、ゆったりドローンと投げるようにしつこく言いました。

これをしばらくやっていたら、真っすぐとフォークは目的の位置に行き、スライダー、カーブはドローンと投げられるようになりました。速い球は精度が上がり、遅い球はより遅くなったわけです。

それで緩急だけではなく、緩緩急が使えるようになりました。遅いスライダーのあと、真っすぐじゃなく、さらに遅いカーブを投げさせたり、その逆にしたりです。これで面白いように打ち取れました。一時は先発の一角にも入り、この年は8勝です。

一番相性がよかったのは巨人です。もともと巨人は、球の速いピッチャーには強いけど、遅い投手にやられる傾向があり、昭和46年（1971年）には2試合の完封もありました。残念ながら僕とのバッテリーじゃないと今一つでしたけどね。

そうそう、この年、僕は結構五番を打っています。一度、面白い試合があって、中日戦で左腕の小野正一さんが投げたとき、田淵、ヒゲさん、僕と3人の右打ちの捕手をスタメンで使おうとなりました（6月18日、中日）。最初は僕が一塁手、田淵が捕手、ヒゲさんが外野となったんですが、ほかの内野手から「ダンプは小さいから一塁はダメ」となって、僕が捕手、ヒゲさんがセンター、田淵は控えに回ったと思います。

確か、これが最初に五番に入ったときの試合だったはずですが、僕は小野さんのナックルをホームランにしました。ニコニコしながら塁を回る写真が載った新聞が最近出てきたんですが、僕はヘルメットをかぶっていませんでした。当時、左投手のとき右打者はヘルメットをかぶっていなかったんですよ。ただ、用心のためにいつも帽子の内側に硬めの段ボールを入れていました。

ちなみにヘルメットは、翌々年の昭和46年（1971年）、田淵が前年、頭に死球を食らって死にかけたこともあり、全員がかぶることになりました。


僕が捕った試合ではないのですが、僕が大事にしている写真が、この昭和44年の8月1日の巨人戦（甲子園）で、村山さんがライバル・長嶋さんから通算2000奪三振を飾ったシーンです。村山さんの表情から「やったぞ！　どうだ」という熱い思いが伝わり、今でも胸がいっぱいになります。

村山さんはマウンドの立ち姿がかっこいい方でした。

第4章

セ・リーグ史上初の全試合出場捕手！

【1970年（昭和45年）】

ノースリーからでもフォーク3球で仕留める

昭和45年、村山実さんが兼任監督になりました。まだ33歳です。村山さんは『ザトペック投法』とも言われ、超力投型のピッチャーでした。もちろん球は速かったですよ。でも、だからコントロールがアバウトと思っている人も多いようですが、実は狙ったところに簡単に投げられた方でした。前にも書きましたが、それが捕手のサインどおりかどうかは別として。

タイガースが優勝した昭和37年（1962年）を調べてもらったら分かると思います。精密機械と言われ、27勝を挙げた小山正明さんが59四球（352回⅔）、25勝を挙げた村山さんが55四球（366回⅓）ですから、どちらもすごいです。

しかも村山さんは、真っすぐだけじゃなく、どんな球種でもストライクが取れました。特にフォークボールの制球力は歴代ナンバーワンじゃないでしょうか。ノースリーになってもフォークボール3球で簡単に三振を取ることができました。

しかも、落ち方が違う数種類の投げ分けができたし、ホームベース前のワンバウンドもなかった。杉下茂さんもそうでしたが、これはボールを指で挟む力が強いからだと思います。勝手に抜けず、自分の思ったリリースポイントで放せたのでしょう。

大洋時代、フォークの精度が今一つだった若手時代の遠藤一彦を村山さんに紹介し、話をしてもらったこともありました。

村山さんが遠藤に言っていたのは、やっぱり「挟む力を強くしなさい」ということでした。具体的には、2本の割り箸を使って鍛える方法を言っていましたね。割り箸の一本の割れ目にもう一本を挟んで、下を固定しながらボールを挟むような形で上の2本の両端を挟むのですが「これを暇があれば、ずっと続けなさい」と。

遠藤は、この割り箸トレはしてなかったような気がしますが、自分なりのやり方で現役の終わりまで挟む力を鍛えていたと言っていました。

挟む力と関係ないかもしれませんが、江夏も暇なときはずっとボールを握っていましたし、昔はベンチや移動の空いた時間にボールを握りながら感触を確かめていたピッチャーがたくさんいました。

普段の生活でも、駅のホームで自分の体が映るガラスがあったらピッチングやバッティングの格好をしていた人もいた。簡単に映像で確認できる時代じゃなかったからかもしれませんが、今より、そういう日々の積み重ねを一生懸命やっていた人が多かった気がします。

防御率0・98を生んだ村山実さんのフォークの完成形

村山さんは昭和39年（1964年）に右腕の血行障害が悪化して球威が落ち、翌年は右手首の骨折もありました。その中で編み出したのが、腕を少し下げたサイドからのフォークです。それまでも上からだけでなく、スリークオーターからフォークを投げていましたが、サイドからの球は、まさに魔球でした。

村山さんが自著（『炎のエース』ベースボール・マガジン社刊）でも触れてくれていますが、この球を一緒に磨いたのが、何を隠そう僕でした。僕がブルペンの主だった時代です。

サイドからのフォークはボールが真っすぐと同じように来て、打者が打ちにいくとき、すっと浮き、そのあとストンと落ちます。

打者からすれば「ボールが消えた？」と思ったはずです。新聞記者にサイドからのフォークを「どんな変化をするの？」と聞かれたこともありましたが、「あれはシュートしてスライドしてから落ちる」と僕が言ったら、近くにいた村山さんがプッと吹き出しました。僕が記者たちを冗談で煙に巻いたのだと思ったのでしょうが、実際、そんな変化をしたこともあります。

二塁ランナーの巨人の柴田勲が握りを見てバッターに「フォーク、フォーク」と言っていたこともありました。うるさいんで僕が「やめさせましょうか」と村山さんに言ったら「ほっとけ、ほっとけ」とまったく気にしてなかったですね。確かに分かっていても打てない魔球でした。

昭和45年の春だったと思いますが、村山さんが「ダンプ、完成したぞ」と笑顔で言ったことがあります。サイドのフォークのことです。それまでも十分魔球でしたが、この年は、さらにレベルが一つ上がりました。落ち方、制球力とも完璧で１００パーセント近く空振りになっていました。

ただし、サイドからのときはボールを放すとき、少しひねるような動きをしていたので、肩やヒジへの負担は相当だったと思います。

この魔球を武器に、この年、村山さんは防御率０・98という驚異的な数字を残しました。監督としての責任感もあったのでしょうが、僕は命を削るようなピッチングだと思って、ハラハラしながら受けていました。

ついに田淵幸一の打撃開眼。もう無理か……

昭和45年は、2年目の田淵幸一の打撃がかなりよくなってきた年でもあります。一つは体ができてきたことがあるでしょう。

田淵が入ったころは体が大きい割に腕の力が今ひとつで、キャッチングでミットが動く。「これなら俺の出番がなくなることはないだろう」と思っていました。実際、「田淵じゃなく、ダンプに受けてほしい」と言っていたピッチャーも多かったですしね。

ここで余計なことを言ったのが、江夏豊です。「ミットを動かすな」と田淵にビシッと言ったらしい。田淵はしっかり止めて捕球するために鉄アレイで左腕を鍛え、実際、パチンといい捕球ができるようになっていました。腕の力だけじゃないですよ。捕球時、いい感じに体に力が入り、どっしりしてきました。

これがバッティングでは飛距離を伸ばすことにもつながり、8月頭には早くも21号を打っていたと思います(8月9日、西京極での大洋戦ダブルヘッダー第2試合)。

でも、田淵もついてない。

広島の外木場義郎の球が左耳辺りに当たり（8月26日、甲子園の広島戦）、長期離脱です。そこからまた僕がスタメンで使ってもらうようになりました。家と田淵の入院していた病院が近かったので、毎日、お見舞いに行ったことを思い出します。

僕が守ったことでチーム防御率は間違いなくよくなったと思いますが、昭和43年（1968年）につかみかけたと思ったバッティングは大したことがなくなっていました。

言い訳のしようもなく、これは自分自身の問題です。

前の年に田淵が入って出番が減り、この年もずっと二番手に回っていたので、打撃はもういいかと思っていたんですよ。

打撃練習のときは、小玉明利さんとか本屋敷錦吾さんとか、あまり試合に出ていないベテランの方々とベンチの前で遊んでいました。僕が山内一弘さん（阪神から1968年に広島移籍）とかダリル・スペンサー（阪急）のマネをしてバットを振っていると、みんな喜んでくれてね。昔から形態模写はうまいとよく言われます。

ただ、あんまり人のマネをし過ぎて自分の打ち方を忘れてしまった。まさかと思うかもしれないけど、ウソのようなほんとの話です。

上田次朗の魔球、曲がらないカーブ

打撃練習は遊んでいましたが、守備は手抜きもせんで一生懸命やっていました。まだまだ、キャッチャーとして田淵に負けるとは思わなかったし、若いヤツを洗脳していけば、チャンスはあると思っていました。

この年、東海大からドラフト1位で入ってきたのが、上田次朗です（当時は二朗）。サイドスローで体に力があり、下半身を十分に粘らせてスピードを出す投手でした。入ったときからバランスのいいピッチャーでしたが、球種が真っすぐと横のカーブくらいしかありませんでした。

球速のある右のサイドは、横のカーブがあれば右バッターはなんとかなるのですが、どうしても左打者には軌道が見られやすく苦しいところがあります。村山さんからはシンカーを覚えるようにと言われたのですが、指が短いのもあって、なかなか思うように球が落ちませんでした。

ここで僕が考えたのが外角への曲がらないカーブです。腕を振り切らず、正面で止めるような投げ方で最後にひねると、ボールはカーブの回転をしながらも曲がらん球になり、チェンジアップのような効果で左打者からも見逃しストライクを取ることができました。

ただ、次朗が22勝した昭和48年（1973年）は、この球じゃなく、シンカーを覚えたのが大きかったと思います。これは田淵と一緒に次朗が磨いた球で、僕はあまり役に立っていません。

【1971年（昭和46年）】ようやくつかんだ正捕手の座だったが……

迎えた昭和46年、田淵もケガはもう治っていたし、「また控えかな」と思いながらのスタートでした。

でも、あれは伊勢のオープン戦の球場でしたが、たまたま並んで田淵とおしっこしていたら、あいつの小便がコーラみたいな色をしていたんですよ。いや、別にいつもトイレで隣をのぞき込んでいたわけじゃありません。たまたま目に入っただけです。

「大丈夫か。医者に診てもらえや」「そうですね」となって、あいつが病院に行ったら、そのまま帰ってこなかった。

腎炎で入院です。

そこから僕にお鉢が回ってきました。田淵はかわいそうでしたが、試合に出られること自体はうれしかった。

でも、こういうときに順調にいかないのが、僕の野球人生です。

まずは、その直後でした。小雪の降る中、岡山の津山であった阪急とのオープン戦で投手の足立光宏さんがスクイズしたのですが、失敗してファウルになった打球が僕の右手に当たり、薬指を亀裂骨折してしまいました。

打つときに右手に力が入らないのは困りましたが、スローイングはなんとかできた。村山さんには「捕手は一人だし、なんとか頑張ってくれ。打のほうは期待せんから気にせずやってくれ」と言われました。

前の年限りでヒゲさんを近鉄に出しているので、一軍の捕手は田淵以外、僕と藤田訓弘しかいませんでしたしね。

案の定、開幕7試合はノーヒットですが、みんな僕のケガを知っているから何も言いませんでした。実際には、痛みはかなりマシになっていたんですけどね。

シーズン初ヒットは8試合目の川崎球場の大洋戦（4月19日）です。ファウルを打ったときにタイミングを思い出し、次の球をレフト前ヒット。この試合は3安打でした。開幕からのノーヒットがなかったら、この年の打率・193を2割台にはできたのかなと思うこともありますが、たられればを言ったらいかんですね。

さらについていないことに、そのあと6月にもケガがあったんですよ。広島の宿舎で同部屋だった藤井栄治さんに「ダンプ、座布団を取ってくれ」と言われ、無精して腰をちょっと浮かせて尻の下の座布団を引き抜こうとしたら、右手のヒジがグキッとなった。医者に行ったら「ヒジにネズミがあるようです」と言われました。

でも、村山さんに言ったら「(トレーナーの)猿木忠男になんとかできるようにしてくれと頼んでおくよ」と……。実際、スローイング以外は普通にプレーができたので、相手にバレないようヒジの痛みを必死に隠してやっていました。バレたら間違いなく走られまくりますからね。

しばらくしたら痛みは引いたのですが、夏場になるころには、もう体がきつくてきつくてねえ。中日にいた一枝修平さんに「ダンプ、お前のスイングは波打っているな」と笑われちゃいました。

本当は休み休み出たかったのですが、それができないチーム事情でした。出たいときは出れん。出られるときはしんどくても代わってもらえない……。僕の野球人生そんなもんです。

外木場義郎からの神懸かったホームラン

打席が多いこともあり、見失いかけたバッティングでも時々自慢できることがありました。一番は広島の外木場からのホームランです。

僕は、この人をまったく打てませんでした（1968年の初対決から1970年までは16打数1安打）。真っすぐも速いし、カーブの落差も大きい。手も足も出ない打席が多かった。外木場から見たら、完全に安全パイでしょう。

そんな僕が、この年の4月25日、甲子園の左中間にホームランを打ったんですよ。外木場からのホームランは、阪神時代これ1本だけです。

どうして打てたか分かりますか。

ある打席で外木場がボールをリリースするところが見えたんです。カーブを投げるとき、手首が屈曲しているのがはっきりと。そのときは見えただけで打てませんでしたが、このときも打席で手首を曲げているのが見えたので、カーブと思い、タイミングを一瞬遅らせて振ったらバットの芯を食い、左中間への大きなホームランです。どうです、リリースが見えるなんて、まるで一流バッターみたいじゃないですか。たった44本しかホームランを打ってない男とは思えんでしょ。外木場も、こんなバッターに打たれて腹が立ったんでしょう。そのあとすれ違ったとき、大きな声で「ダンプさん、どうして俺のカーブを打ったんじゃ！」と怒っていました。

ただ、そのあとはまた見えなくなって、まったく打てなくなりました。もしかしたら、単に続かなかっただけで、打撃センスがなかったわけじゃない……ような気がするんですけど、どんなもんでしょう。

この年、生涯唯一の1試合2本塁打もありました。これも広島戦、6月3日、左腕の白石静生からです。もともと白石は得意にしていたんですよ。1本目はどこに打ったかも覚えてないんですが、2本目は外の真っすぐを振ったらライトスタンドぎりぎりに入った。狭い広島市民球場でしか入らん打球でしたけどね。

プロ初の三塁打だが本当はランニング弾に……

プロ初の三塁打もこの年です。7月28日の大洋戦（川崎。ダブルヘッダー第2試合）でセンターに打ったら、僕なら大して飛ばないと思ったんでしょう。かなり前進守備をしていた中塚政幸が後逸したんですよ。球はフェンス下まで転がり、弱い時代の大洋だからバックアップもない。

僕は二塁打かなと思って必死に走ったけど、まだ球が来ないんで、そのまま三塁へ向かいました。見ると三塁コーチが「ホームに行け！」と手を回していましたが、もう体力の限界です。無理と思って勘弁してもらいました。

三塁ベースでハアハア言っていたら、味方ベンチから「ダンプ、お前以外ならもうベンチに戻ってタバコ吸ってるぞ」とヤジられました。

中塚で思い出すのがスイングです。左打者なんですが、振ったあと右手一本でバットを大きく振って、それがちょうどキャッチャーの頭辺りに来るんですよ。当時はキャッチャーのヘルメットがなかったので、何人も頭に当たった捕手が病院送りになっているのを見ました。

僕は危ないなと思ったので、「ヒット打ったら一歩か二歩前に出てくれんか。危ないから」と言ったことがあります。根は優しいヤツなので、そのあとはそれが気になって僕がキャッチャーをしていると打てなくなったと言っていました。

あのとき王貞治さんは泣いていたのか

この年も江夏と王さんの球史に残る名勝負がありました。

9月15日、甲子園の試合です。試合は2対0で阪神が勝っていましたが、9回表、先発だった江夏が珍しく四球を2つも出して、二死二、三塁とし、ここで王さんです。王さんはずっと調子が悪くて、この試合も3打席3三振。この打席も外の球で簡単に2ストライクに追い込み、カーブのサインを出しました。タイミングがまったく合っておらず、間違いなく空振りのはずです。

でも、江夏がクビを振って投げたがらない。仕方ないからマウンドに行って、「なんでカーブを投げないんだ。三振でゲームセットやないか」と言ったのですが、あいつボソッと「打てん球で勝ってもしゃあないやないか」と。

まったくもう……。

頑固な男なので、こうなったらもう仕方ありません。外も投げたくないと言うので、次はインコースに投げさせ、王さんは見送り。最高のコースに決まったと思ったのですが、ボールの判定でした。「えっ！」と思って振り向いたら、球審が右手の親指と人差し指で1センチくらいの幅をつくり「ボールだ」と。審判はもともと緊迫した場面になればなるほどストライクゾーンが狭くなる傾向がありますが、このときは、いつも以上に厳しく取っていた気がします。

記録だと球審は竹元勝雄さんなのですが、僕はどうしても谷村友一さんのような気がしてならない。谷村さんとは、そういうやり取りをよくやっていたんでね。

それで竹元さんだか、谷村さんだか分からん球審が、意地になったのか、ストライクゾーンがさらに狭くなってフルカウントになっちゃったんですよ。

あらためて、カーブのサインを出してみましたけど、江夏はやっぱり頑固でした。クビを振られ、アウトコースもクビを振られ、また、インコースです。

でも、いい球でしたよ。コースが少し甘くなったのは確かですが、王さんは体を開いて打ち、グチャンという当たりで、決して強い打球じゃなかった。ライトの藤井さんも必死に追ってジャンプしたけど届かず、甲子園のラッキーゾーンにポンと入る決勝3ランです。

このとき、王さんの様子がいつもとちょっと違っていました。三塁を回って、ホームベースに来るとき、じっと見ていたらヘルメットをいつもより深くかぶって、ふらふらとしながらベースを踏んでいました。

のちのちですが、王さんがこのときのことを取材され、「頬のあたりにちょっと硬直するようなものがあった。普段の自分とは違う感情があったような気がする」と言っていました。

どうだったのかな。泣いていたのか、いないのか……。

実は、ずっと気になっていたんです。

あれはいつだったか。王さんが私服で試合前のベンチに来られたことがあります。巨人の監督を辞めて、福岡ダイエーホークス（現福岡ソフトバンク）の監督になる前だとしたら、僕はもうコーチだったのかもしれませんが、はっきり覚えていません。

あいさつしなきゃとタタタッと行って、「こんにちは、王さん」と言ったら、ちょうど周りに誰もいなかったので、

「一つお聞きしていいですか」「何？」となったんです。

「昭和46年、甲子園で江夏から逆転の決勝ホームランを打ったとき、僕、涙を見たような気がするんですよ」と聞いたら、

「涙？　出てないよ。あのときは、ふらふらして真っすぐ歩けなかっただけ」

と答えられました。

僕が「分かりました。ありがとうございます」と言って立ち去ろうとしたら、王さんが「あのときの江夏、いい球、来ていたよな」とボソリ。はっきり覚えているんですね。ゾクリとしました。

次のバッターが末次民夫でしたが、あれも僕は忘れられない。

江夏がバカにしたような超スローカーブを投げたんですよ。

なんだと思って焦ったけど、末次も意外だったのかショートゴロでした。たぶん、あのホームランで気持ちが切れたんでしょうね。それでも投げなきゃいかんから、いい加減に投げたんでしょう。こっちは、おいおい、おい、でしたけどね。

王貞治さんの一本足打法はなぜすごかったのか

王さんの一本足打法の話もしてみましょうか。

王さんと言えば、868号と世界一たくさんホームランを打った人ですが、あの一本足打法をマネして大成功した人はいません。

不思議と言えば、不思議ですよね。同じ打ち方をしたのは、大洋の黒木基康さん、南海から西武に行って、最後は大洋に行った片平晋作、あとは、大豊泰昭（元中日ほか）くらいでしょうか。でも、彼らにしたって王さんに近づいたかというと、そういうわけじゃありません。

黒木さんと片平はキャッチャーとして打席の姿を見たことがあるけど、形をマネようとして力が入り過ぎていた印象があります。特に足を上げてグリップをぐっと引いたときですね。ここでガッと力が入るんですよ。形を決めようとし過ぎていると言えばいいんですかね。それで、そこからすぐ振っていく。

王さんはあそこで力が入っていない。ただ、そこにすっと収まるんです。そこから力が入らんままグリップが下がって、間《ま》をつくってからレベルスイングで振っていきます。このスイングをすると、これ以上、手が前に出なくなるところがあるから、最後はいつもバットから左手が離れていました。

僕らのころはガッと手首をきかすバッティングがいいと言われていましたが、王さんのスイングはむしろ今風ですね。大谷翔平ともつながる気がします。

王さんはノースリーでは絶対に振らん人でもありました。一度、ノースリーになったとき、遊んでみようと思って、打席の王さんに「次はど真ん中真っすぐいきますよ」と言ったことがある。「そう」と言っていましたが、実際に棒球が真ん中に来たらなんとなく嫌そうな顔をして見送り、次の球は見事にホームランにされました。

〝触らぬ神に祟りなし〟なのですが、うかつにも調子に乗ってしまいました。

ほとんど引っ張っていたから、『王シフト』と言って、外野手がみんなライト方向に近づいてレフトはガラ空きになっていました。一度、王さんに「レフトに打たんのですか。簡単にヒットですよ」と聞いたことがありますが、「失敗したら恥ずかしいだろう」と笑っていました。

大選手ですが、意外とお茶目なところもあるんですよね。

捕手冥利に尽きる後藤正治さんの取材

今思い出してみても江夏とのバッテリーは面白かったですね。コントロールはいいし、打者心理も読める。僕も打者との読み合いが好きだったので、楽しかったし、勉強にもなりました。

あいつのおかげで有名な作家さんやタレントさんに取材してもらいましたが、その中で、これはすごくよく書いてもらったなと思うのが、後藤正治さんという人の原稿です。この方がインタビューで僕が話したことをうまく書いてくれ、さらに言えば、僕のことをよく見てくれていました。

後藤さんはいろいろな球団のキャンプに行っていたそうですが、ブルペンに行っても、投手ではなく捕手を見るのが楽しみだったそうです。ブルペンでは何人もキャッチャーが座っていますが、構え、捕り方、捕球音などで、遠くからでもダンプ捕手を見つけられたと言っていました。

どうですか、こんなこと言ってもらえたら、ちょっとドキドキするでしょう。

そのとき思ったのは、遠くから見て分かるのは僕の構えが固まっているからだろうなということです。若いときからたくさんのピッチャーの球を受け、いかにピッチャーが投げやすい構えをするかをずっと考えていたので、その努力が報われたような気もしました。

後藤さんは大の阪神ファンだそうです。甲子園で江夏が先発するとき、試合前に一塁側でキャッチボールを始めると、できるだけ捕手寄りで見るのが好きだったと言っていました。江夏の球筋、僕のミットに収まる音を、甲子園の金網を握り締めながら見て、聞いていてくれたそうです。それもまたうれしい話です。

僕もブルペンや試合前のウオーミングアップで江夏の球を受けるのは楽しかった。絶対にあっちに行ったり、こっちに行ったりはしない。こちらが構えたら、そこに当たり前のように自然と収まり、それをひたすら繰り返していました。

江夏豊から教わったこと

僕が江夏に、いろいろピッチングを教えたように思っていた方もいたかもしれませんが、実際には「外の低めに投げてみろ」という言葉だけで、ほかは大したことは言ってません。逆に僕が教えてもらったこともたくさんあります。

あれは昭和45年（1970年）、前も出てきたヤクルトアトムズの大塚徹と対戦したときの話です。バットを短く持ち、ミートがうまかった選手です。

まずは、ゲームの勝ち負けと関係ない場面だったと思いますが、甲子園で江夏が投げていた試合で、大塚を打席に迎えました。カウントは1ストライク1ボールで、ストレートのサインを出しましたが、センター前に運ばれました。

少しあと、今度は神宮での試合です。また江夏の登板で大塚。カウント1ストライク0ボールになり、僕はストレートのサインを出しました。

このとき江夏がタイムを取って僕を手招きし、マウンドに行くと「ダンプさん、これ同じだよ、大塚だよ」とボソリ。これでこちらもはたと気づき、「OK、分かったよ」と答え、すぐ戻りました。おそらく、あのまますっと投げていたら、また打たれていたと思います。

江夏は、それにクビを振るのではなく、僕を呼んで気づかせてくれた。生意気ですが大したものです。

ここで僕がどんなサインを出したか分かりますか。

答えは同じストレートです。江夏の顔を見たらニヤリと笑ってうなずいた。結果は詰まったセンターフライです。

このとき感じたのは間《ま》の重要性です。マウンドに行くことで、大塚に余分なことを考えさせたことで凡打になったのだと思います。

江夏は力押しだけじゃなく、そういう打者心理を見透かした詰め将棋のような投球ができる男でした。このときはポカをしましたが、僕もそうだったつもりです。江夏がどう思っていたかは知りませんが、だから相性がよかったと思っています。

同じヤクルトでは、武上四郎さんが読み合いを楽しむタイプのバッターで、打席に入るとき「ダンプ、行くぜ。俺は江夏とお前と読み合いをするのが楽しみでな」とよく言われました。小柄で、やや小太りの感じでしたが、体重を右足に残してよく打った選手です（右打者）。

数字が物語るダンプのすごさ？

昭和46年、僕は生涯で唯一の全試合出場を果たしています。それもすべて捕手としてです。

何を隠そう、セ・リーグのキャッチャーでは初めてのことでした。僕は全試合出場どころか規定打席に行ったのもこの年の一度だけですが、それがセ・リーグ史上初というのも面白い巡り合わせですね。

少し前の話になりますが、2021年、ソフトバンクの甲斐拓也が初めて捕手で全試合に出場した際、『日刊スポーツ』に過去の記録が載っていました。6回もやっている野村克也さんもいましたけど、人数を数えたら長い野球界の歴史の中で12人しかいなかった。僕はそのうちの一人ですから大したもんでしょ。

一覧表を見て、さらにうれしくなったのが盗塁阻止率・429で、この年のリーグ1位という数字です。スローイングの自慢をすると半信半疑みたいな顔で見る人もいましたが、これで信じてもらえたと思います。

載っていませんでしたが、出してほしかった記録が捕手防御率です。その捕手が守っているときの防御率ですね。以前、記録をまとめてくれた方に見せてもらったのですが、僕はかなりよかった。コピーを取ってもらっておけばよかったですね。

自慢話ばかりしていると嫌われそうなので、失敗した話もします。

投手を育てるという話をしてきましたが、必ずしも全部成功したわけではありません。間違ったアドバイスをしたことはなかったと思っていますが、時間がなかったり、コーチが僕と違ったことを言ったりしてうまくいかなかったこともありました。

この年に入った小川清一という新人ピッチャーもうまくいかなかった例と言ってい

いでしょう。右投げで、鋭い真っすぐを投げてきましたが、途中から球が高めに浮いてよく打たれるピッチャーでした。

僕らは、こういうピッチャーを〝30球投手〟と言っていました。一回り目はなんとかなっても2回り目につかまるタイプですね。最初の対決でクセが相手にバレてというピッチャーもいたけど、小川は単に球が浮いてきました。ずっとどうしてだろうと観察していたら、体操中に理由を見つけました。

要は、最初と肩の可動域が違うんですよ。緩過ぎるタイプと言えばいいのかな。温まってくると可動域がぐっと広くなり、本人の意識より肩が大きくゆっくり回ってくる。それで自分でリリースのポイントと思ったところで投げると、タイミングが早過ぎて球がどうしても高めに浮くわけです。今なら後ろを小さくさせ、早めに頭の後ろにボールを持ってこさせたりという対策も思いつきますが、当時は修正法が分からず、いろいろ試しているうちに、僕と一緒のタイミングでロッテにトレードになってしまいました（1974年オフ）。

翌年に7勝を挙げた平山英雄は、僕の失敗ではありませんが、残念な思い出としてあります。江夏と同期の昭和42年（1967年）入団の選手で、インステップして投げ、球威はありましたが、荒れ球でした。それでも「いいぞ、いいぞ」とおだてるうちに、荒れ球も武器になって、やっといい感じになってきた。

それが昭和49年（1974年）に小山さんがコーチで戻ってきたとき、「こんなフォームじゃダメだ。真っすぐ踏み出せ」と変えさせ、以後、さっぱりになってしまいました。

小山さんの教えたフォームは理想的なものだと思いますが、やっぱり合う合わないはあります。欠点が長所に変わることだってよくあるんですけどね。

〝弱肩〟森昌彦さんの〝走り屋〟福本豊封じ

この年、日本シリーズは巨人と阪急の対戦でした。シリーズ前、肩が弱くなったと言われた巨人の森昌彦さんが、売り出し中の走り屋だった福本豊にかき回されるんじゃないかという話が新聞各紙に出ていました。

でも、ふたを開けたら、ほぼ完封です（盗塁1、盗塁刺2）。堀内恒夫をはじめ投手がクイックで機先を制したのもありましたが、森さんもスローイングでよく頑張った。随分練習したんでしょう。フォームをコンパクトにし、いい球を投げていました。

見ていて気付いたのが、捕球の位置がいつもより15センチくらい前だったことです。あれでコンマいくつか分かりませんが、早く捕ることができ、そこから思い切って踏み出すことでセカンドベースまでの距離も近くなっていました。もちろん、振ってきたらバットに当たって打撃妨害になる可能性もありますから、福本が走ったら阪急の打者は振りにいかないというデータがあったのだと思います。

これに気付いていたのが、野村さんです。僕は南海とのオープン戦になると、いつも野村さんにあいさつに行き、必ず「ダンプはいいなあ。阪神はいいピッチャーばっかりで楽しいだろ。うちはツギハギばかりで大変だよ」が第一声でした。

いつもこちらから質問をし、なんに対してもしっかり答えてくれるのですが、あのあと昭和47年（1972年）のオープン戦では逆に、

「おい、ダンプ。日本選手権の森のどこがすごかったか分かるか」

と聞いてきて、僕が「捕球の位置ですか」と言ったらニヤリと笑っていました。

驚かされた杉浦忠さんと榎本喜八さん

僕も福本とオープン戦での対戦はあって、最初は少しおどおどしながら走ってるよ

うに見えたけど、3年目くらいからは、もう二塁に投げるのが無駄だなと思うほど速かったです。

ただ、セ・リーグも含めてですが、一番すごいなと思った走り屋は福本じゃなく、南海の広瀬叔功さんです。この人は無用なときには走らない哲学を持っていた方で、盗塁成功率がすごく高い。嫌だったのは足音がしなかったことです。僕は捕球のとき、走者の足音がすると無条件でスイッチが入り、スローイングの準備に入りました。巨人の柴田はバタバタと音がするので結構、刺せたのですが、広瀬さんはしなかった。観察すると、ストライドが広く、すうっと静かにスタートしていました。

南海の選手では、全盛期は過ぎていましたが、杉浦忠さんのカーブにも驚きました。あんなに曲がる球は見たことがありません。ストライクと思ったらボールで、体に当たるかと思った球がストライクです。ど真ん中なのに腰が完全に引けてしまい、野村さんに笑われたこともあります。

パ・リーグではオープン戦で当たった東京オリオンズ（1969年からロッテ）の榎本喜八さんも強烈でしたね。左打者で非常にミートがうまく、打席の一番前に構える方でした。

最初から「きょうの球審は判定が厳しいな」と思っていた試合でのことですが、インコースいっぱいの球をボールと言われ、悔しくて「あれ？　入ってませんか」と文句を言ったら、榎本さんが「辻君、今のはこれぐらい外れている。そうだろ」と言って指で1センチくらいの幅をつくりました。内心、そのくらい外れているなと思っていたので、びっくりしました。

変わった方で、ゲーム前の練習が終わったあと、ベンチの奥で座禅を組んでいるところを見たこともあります。

第5章

懐かしのチームメートたち

山内一弘「〝最高〟のホームランを打った大打者」

パ・リーグの選手の話が出ましたが、少し脱線して、これまで書き切れなかった阪神時代のチームメートたちを紹介していきたいと思います。もちろん全員じゃありませんが、面白い逸話がある人たちを中心に挙げていきます。

まずは昭和39年（1964年）、小山正明さんとの世紀のトレードで大毎から阪神に来た大打者・山内さんです。大毎時代のオープン戦では、ネクストでほかの人は2本なのに、バット3本をビュンビュン振り回していた豪快な方です。

僕と同じ愛知県の出身もあって、かわいがってもらいました。実家に帰ったとき、お互いの知っている運動具屋で偶然会ったこともあります。狩猟が好きな方で、僕も誘われたことがありましたが、怖いので断りました。

覚えているのはインコースに詰まってばかりいたとき、「ダンプ、みんな真ん中にすればいいんだよ」と言われたことです。内角は体を少し開く、外に行ったら踏み込むことでポイントを全部同じにすればいいということでした。内角のさばきは、あとで小鶴誠さん、岩本章良さんに教えてもらったのと同じです。このときはなるほどとは思いましたが、簡単にはできませんでした。

阪神は4年だけで広島に行かれましたが、広島時代、僕がマスクをかぶった広島市民球場の試合で、「ダンプ、ホームランというのは、そんなに飛ばさんでいいんだよ。これからいいホームランを打つから見ときなさい」と言って、柿本実さんからレフトスタンドぎりぎりのホームランを打ったことがあります。予告ホームランもすごいのですが、ほんとに最短距離でびっくりしました。ホームにかえってきてから、「どうだ。ダンプ、あれがホームランだぞ！」と笑顔で言っていました。

山内さんは右打ちですが、左足を曲げて内側にひねり、かかとを投手方向に上げるのが特徴で、よくマネしていました。実際、昭和44年（1969年）、甲子園の広島戦でマネしてやってみたら竜憲一さんからホームランを打ったことがあります。

からかわれたと思ったのか、竜さんは大変怒っていましたが、山内さんにはあとで「ダンプ、あの打ち方でよく打ったな」と感心されました。

安藤統男「申し訳ないケガをさせてしまった二塁手」

慶大から僕と同じ昭和37年（1962年）に入られた内野手で、セカンドが主でしたが、外野も守られ、守備がうまい方でした。その後、監督もされています。宿舎で当時はやっていた『全部』というトランプ遊びをやっていたとき一人勝ちされ、全員がびっくりして、ドヒャーとひっくり返ったことがありました。

一つ申し訳ない記憶があります。昭和45年（1970年）、安藤さんが首位打者を狙えるくらいの勢いで打ちまくっていたときです。一塁でのピックオフプレーでセカンドの安藤さんが一塁ベースに入ったのですが、僕の送球が少し低くなり、安藤さんが捕り損ねて手首のところに当たってしまいました。ケガの詳しい具合は分かりませんでしたが、そこから調子を崩し、打率は結局2位です。

渡辺省三「びっくりするくらいコントロールがよかった人」

前述のように、ブルペンでミットの音について素晴らしいアドバイスをくださった渡辺さんは、昭和40年（1965年）限りで引退ですから、そんなに長く一緒にやったわけではありませんが、コントロールが信じられないくらいによく、穏やかな顔のわりにピッチングが大胆で、しつこい方でもありました。

とにかく内角をこれでもかと攻めた。真っすぐだけじゃなく、小さなスライダー、今で言うならカットボールをどんどん投げ込みます。対右ならフロントドアということですよね。ほとんどファウルだったので、それでカウントを整えてから外勝負です。三振ではなく、ゴロに打ち取るタイプで、サード・三宅秀史さん、ショート・吉田義男さん、セカンド・鎌田実さんで内野が鉄壁の全盛期は、どんどん併殺を取っていたことを思い出します。

打者が打たないと見ると、簡単にど真ん中にストライクを投げ、ピンチになると、その打者と次の打者を天秤《てんびん》にかけ、平気な顔をしてフォアボールを出す人でもありました。

これは誰に言っても信じられないという顔をされてしまいますが、ある試合で味方が大量リードし、先発も調子がよく、「これは完投だろう。きょうはブルペンも店じまいでいいかな」と思ったとき、渡辺さんが「出番もないだろうから、ちょっと遊ぼうか。全部ストライクを投げるから付き合え」と言ってきました。

最初は「ほんまかいな」と思いながら捕っていましたが、1球怪しい球があったけど、50球を過ぎてもまだボール球がない。80球を過ぎても変わらず、86球まで全部ストライクでした。ちなみに87球目が外れたわけではなく、「疲れたからやめようか」

と言われたからです。

柿本実「時々手抜きをする予言者みたいなピッチャー」

中日時代は2年連続20勝もされた方で、阪急を経て、昭和42年（1967年）に阪神に来た変則サイドスローです。もうベテランで球はそんなに速くなかったのですが、打者の打ち気が読むのがうまく、なんとなく打ち取っていました。なんでバッターは手を出さないのかなと不思議になるような手抜きの球を投げるときもありました。

よくしゃべる方で、時々、予言者みたいに先のことを話し、ピッチングにもそれを利用した面白い人でした。

森光正吉「僕の打撃を熱く褒めてくれた先輩投手」

2学年上のピッチャーです。昭和43年（1968年）、僕がインコースの真っすぐに差し込まれ、まったく打てず、オープンスタンスに変えて少しずつ打てるようになったころの話ですが、「ダンプ、打てるようになったなあ。打球が素晴らしいな。負けてないな」とお褒めいただき、先輩投手が僕みたいな選手を見ていてくれたんだなと、すごくうれしくなって自信を持ち、さらに打てるようになりました。

このとき、僕は自分を褒められて伸びるタイプだなとあらためて思いましたが、そのあともほとんど褒めてくれる人はいませんでした。

なんでですかね。

鈴木皖武「サインと違う球を投げて楽しんでいた方」

サンケイから昭和44年(1969年)に阪神に来られたサイドスローで、肩の出来がすごく早かった。先発もリリーフもしていましたが、連投も嫌がらず、チームにとってはありがたい投手だったと思います。ピッチングは非常にあっさりしていましたが、自分の投げたい球種があると、サインと違っていても勝手に投げて喜んでいるおちゃめな人でした。

若生智男「面白い話がたくさんある優しい大型右腕」

このあともちょくちょく出てくる人です。コーチとしても長く一緒にやりましたが、優しい人柄で、怒ったところを見たことがありません。コントロールはよくなかったのですが、ストレートは速く、大きなカーブとフォークが武器でした。

阪神—巨人戦で若生さんが投げていたとき、柴田勲が初球にスチールしたことがあります。僕が二塁に投げようとしたら、ショートの藤田平が反応できずに、まだベースに入ってなかった。それでも動きが止まらずに球が手から放れてしまい、少しショート寄りにそれてしまいました。

若生さんは三塁側に降りてしゃがんでいたのですが、球が来ないと思ったのか顔を上げたら、それた送球が左肩にドンと当たった。悪いことをしたもんだと、あとで謝りましたが、若生さんはそのまま完投したと思います。

そうそう、若生さんで思い出すのが大洋の近藤和彦さんです。天秤棒打法と言われ、バットから手を放してしまう独特の打法でしたが、とにかくミートがうまく、反対方向へのファウルを簡単そうに打ってました（左打者）。川崎球場での試合で、わざと阪神ベンチに打ち込み、山本哲也さんに怒鳴られてもやめなかったこともあります。

この人が若生さんとの対戦でとにかくファウルを打ちまくった。いくら投げてもファウルなので、さすがに穏やかな若生さんも「前に打て！」と近藤さんに大きな声で言ったら、次の球をいとも簡単にセンター前に運んで、一塁ベースで「ヘヘヘ」と笑っていました。

ピート・バーンサイド「超紳士的だった助っ人サウスポー」

阪神にいたのは昭和39、40年（1964、1965年）と2年だけでしたが、非常に真面目で紳士的なサウスポーでした。スクリューボールが武器で、右投手のタテのカーブみたいな変化をしました。

ナックルも落差が大きく、投球練習で投げるときは、いつも自分でキャッチャーマスクを持ってきて「かぶれ」と言って渡してくれました。そのころブルペンでキャッチャーは防具なんて着けませんでしたが、変化が不規則で捕り損ねることが多かったので心配してくれたのでしょう。

同じ外国人投手ではバッキーも鋭いナックルが得意でしたが、あいつの場合、捕手が捕れなかったり、ワンバウンドを必死によける姿を見て大笑いをするタイプだったので、余計バーンサイドの紳士ぶりが目立ちました。

野田征稔「昼と夜が別人のようだった内野手」

昭和39年（1964年）に入った内野手で、PL学園高からPL教団を経て入った人です。年は向こうが1つ上で、西濃運輸のときに試合をやっています。選手がみんな試合前にベンチでお祈りをしていたのが、すごく記憶に残っています。

最初は野田さんが阪神に入られたことを知らなかったのですが、ベンチで同じように両手で三角みたいな形をつくっている人がいて、顔を見たら、お互い、「あれ、あのときの……」になりました。

この人は昼間と夜で、まったく別人になりました。別に酒好き、夜遊び好きという意味ではありませんよ。ファームでは素晴らしいバッティングをして打率もよかったのですが、一軍のナイターになると、途端に空振りが多くなって、しかもとんでもなく離れたところを振っていました。おかしいなと思って、よく観察していたら、「あれ、この人、夜は目のピントが合ってないぞ」と気がつきました。

野田さんにそれを言ったら、すぐ眼科に行って検診し、メガネだけじゃなく、コンタクトを着けてやるようになりました。そしたら、初打席でいきなり芯を食ってセンター前ヒットです。野田さんが飛んできて「ダンちゃん、ボールが大きくはっきり見えたよ！　ありがとう」と大喜びしていました。

そのあと村山実監督に抜てきされ、昭和46年から48年（1971年から1973年）くらいまでセカンドのレギュラーになりました。

引退してからもずっとタイガースにいて、村山さんが2回目の監督で、僕がコーチだったときはマネジャーでした。あの当時、携帯電話の出始めだったんですが、今のようなものではなく、電話帳みたいに大きな電話でした。普通の人は使ってなかったので、ちょっと貸してもらったことを思い出します。

中村和臣「打撃練習で右目を大ケガされたマネジャー」

マネジャーで思い出したのが、中村和臣さんです。入ったころ「名古屋の宿舎の屋上にはバットを振れるスペースがある。プロに入ったのだから、全体の練習だけじゃなく、そういう場所を使って力を伸ばしたほうがいいよ」とありがたい言葉をいただいたことがあります。打撃練習でファウルフライを右目に当てられ、大ケガをされたのも覚えています。当時はネットなども少なく、練習でケガをする人は珍しくありませんでした。

朝井茂治「右打ちが得意の三塁手」

練習中の目のケガと言えば、サードの三宅さんもそうでした。昭和37年（1962年）途中でケガをされ、そのあとはサードがコロコロ変わりました。最初はフランク・ヤシックという外国人もいましたが、少し長く守ったのが朝井茂治さんです。この人はバッティングがよく、一、二塁間を抜く右打ちがうまかった。というか、引っ張る気がほとんどない人でした。

打席に入る前、「おい、ダンプ、見とけ、あそこに打つからな」と言って指さしたとおり、きれいに一、二塁間を抜き、あとで「どうだ！」と得意そうに言われたこともあります。なぜか僕に自慢したがる人が多かったんですよ。

そのあとは後藤和昭もいたけど、掛布雅之が出るまで阪神のサードはなかなか固定できなかったですね。

藤井栄治「僕を送球で助けてくれた名外野手」

関大から僕と同じ昭和37年（1962年）に入られた人で、1年目からレギュラーになっています。ライトを守っていたときは、ホームでミットを構えていたら、動かさんでもパチンと収まる正確なスローイングをしてくださいました。

藤井さんは右投げ左打ちでしたが、ライトからの送球はファウルラインを目印に投げると、地面に着いてからシュート回転のバウンドになるので、ちょうどいいところに行ったそうです。ただ、レフトに回ってからは、目印がなく難しくなったという話をしていました。

フライに関しても面白い人で、昔、外野は両手捕りが基本と言われましたが、この人はいつも片手捕りをしていました。

エラーは見たことがなかったのですが、コーチの青田昇さんが「両手で捕れ！」と怒ったことがあります。それで両手で捕りにいったら、わざとかどうか知りませんけど、エラー。そのあとまた、片手捕りに戻していました。

鉄仮面と言われ、表情のあまり変わらない人でしたね。

藤本勝巳「島倉千代子さんと結婚したスラッガー」

のちに離婚されましたが、歌手の島倉千代子さんと結婚されたことで有名な方です。昭和37年（1962年）、まだお付き合いしていたときだったと思いますが、島倉さんが甲子園球場の練習にたまたまいらっしゃって、ネット裏に来ていたことがあります。僕は1年目でファームでしたが、紹介していただきました。

いや、紹介は大げさですね。藤本さんに「うちの若い連中だ」と5、6人でまとめて言われただけです。島倉さんは、もう有名な歌手でしたから、みんなで「すげえな、藤本さん！」と感心していました。

藤本さんは、ホームラン王と打点王（1960年）も獲られた右バッターで、グリップが細くて、ヘッドが大きいバットをビュンビュン振っていました。

体は大柄でしたが、足が意外と小さくて、確か25センチくらいじゃなかったかな。だからというわけでもないんでしょうが、いつも靴下を重ね履きしていました。しかも毎日新品です。ゲン担ぎだったのかもしれませんが、確かに靴下を2足履くと、あまり疲れないんですよ。今度やってみてください。

並木輝男「僕の居眠りを見て笑っていた三番打者」

三番打者を長くやられていて、俳優の勝新太郎さんが結婚式の仲人をした方です。僕が一軍に上がりたてのころ、打撃練習を見て「お前、ファームだったら3割くらい打っているだろう」と言ってもらったことがありました。うれしかったですね。

並木さんでよく覚えているのは、夏の暑い日の打撃練習です。僕がキャッチャーをしていたのですが、当時のマスクは汗でグチャグチャになると気持ち悪いんですよ。だから小さなタオルを顔の下半分に巻いて、その上にマスクをつけていました。

そしたら呼吸の関係もあるのか、途中から眠くなっちゃってね。ついウトウトしていたら、いきなり胸にボールがドンと当たった。打席にいた並木さんはずっと見ていたのでしょう。ハッと思って見上げたらニヤニヤされていました。

安部和春「アベボールを武器にした元気な投手」

引退後、福岡でスナック『ドンレオあべ』を経営されていましたが、2023年の3月25日に亡くなられたそうです。少したって新聞に出た訃報を見てびっくりして、すぐ電話をし、お悔やみを申し上げました。

安部さんを僕が『週刊ベースボール』の連載で紹介したことがあって、すぐ、「読んだよ。ありがとう」と電話をくれました。店のお客さんが「出ているよ」と持ってきて教えてくれたそうです。

お付き合いは、安部さんが西鉄から阪神に来た昭和41年（1966年）からの4年間です。僕の家の近くに住まわれていて、家族みんなでかわいがってもらいました。ご家族に連絡したとき、そのころの話もして、思い出して涙が出てしまいました。

西鉄時代、2度10勝以上した方で、阪神では先発はあまりなかったけど、元気によく投げ、活躍されました。得意球はフォークの落ちを小さくした変化をするカーブで、西鉄時代から『アベボール』と言われていました。

オープン戦で平和台に行ったとき、安部さんに西鉄のキャッチャー、和田博実さんに紹介してもらったこともあります。和田さんに「ミットを見せてくれ」と言われて渡したところ、「これは捕りやすそうだ。いいミットだ。キャッチングもよさそうだな。これからいいキャッチャーになりそうだな」とお褒めいただき、自信になったことを思い出します。

遠井吾郎「親分肌で僕を一度叱ったことがある一塁手」

藤本さんと一塁の定位置争いをしていた遠井さんは、僕より3つ上で左打ち。この人も四番を打っていたことがあります。

江夏豊がけん制球で、わざとひねって投げて捕り損なったことがあり、「やめろよ」と言って困った顔をしていました。

いじられ役というわけではなく、チームでも一目置かれていた人です。年下の江夏がからかってもいいと思うくらい懐が深い人と言えばいいんですかね。怖い人じゃなく優しいんですが、なんとも言えぬ雰囲気があり、僕は「この人は親分だな」と思っていました。

特に夜です。お酒が好きで、すごく明るい酒なんですが、飲み屋でケンカが始まっても、この人が行って「まあまあ」と言うと、必ずみんなおとなしくなっていました。

夜中に車で自損事故を起こされたこともありました。車はペシャンコになったけど、遠井さんはケガ一つなかった。みんなで「どうせ酔って体がクニャクニャになっていたから助かったんだろ」と言って笑っていました。

僕はこの人に一度、怒られたことがあります。中日戦で2アウトから打者が空振り三振だったんですが、ボールが地面に着いた。慌ててタッチにいこうとしたら、その打者がすたすたベンチに戻っていったんですよ。

当時はベンチに戻ったらアウトが成立なので少し待っていたのですが、なかなかベンチに入らん。一塁を見たら遠井さんがベースにいたので投げようと思ったけど、暴投したら嫌だし、ちょっとイラッとしていたので転がしたんです。

そのあとベンチに戻ったら「あそこは待ってアウトでいい。やらんでいいプレーはやらんでいい」と怒られちゃいました。

小玉明利「近鉄から来たファウル打ちの天才」

昭和43年（1968年）に近鉄から移籍してきた方です。通算2000安打近くを打ち、近鉄時代は兼任監督もしていた人ですが、阪神では結果を出せず、2年で終わられました。僕は、この方にもかわいがっていただきました。

面白い人でね。打席ではいつも帽子をお腹に入れて、少しふっくらさせていました。近めに来たとき、わざとそこにかすらせてデッドボールにするためです。

ファウル打ちの天才で、前に書いた大洋の近藤和彦さんと双璧です。同じく、相手ベンチに打ち込むのがうまかった人で、ヤジがうるさいときなど、バンと打ち込んでいました。

ただ、僕が「ほかの人のように意識してファウルを打てないのです。どうしたらいいのですか」と聞いたときは「バッターはヒットを打ちにいくものです。ファウルが打てなくてもいいじゃないですか」とあっさり言われてしまいました。

鎌田実「トンネルも名人芸だった？　セカンド守備の名手」

これまでもちょこちょこ出てきましたが、バックトスが必殺技だった名二塁手で、吉田さんとの二遊間は歴史に残ると思います。時々、きれいにセカンドゴロをトンネルするのも名人芸でした。

打者としては左足を大きく上げ、ボールを上からたたくタイプでしたが、顔の方向と逆に打球が飛ぶことも多く、あっち向いてホイ打法と言われていました。

谷村智博「クニャクニャ投法で王さんに特大弾を打たれた男」

昭和46年（1971年）にドラフト1位で入ってきた右ピッチャーで、体をクニャクニャするトルネード投法で話題になりました。体が柔らかく、ぽっちゃり気味の体つきで、時々投げるスローカーブが面白かったですね。2年目で11勝を挙げましたが、そのときはそこまでクニャクニャしてなかったと思います。

この選手でよく覚えているのは巨人の王貞治さんに打たれた甲子園右中間への超特大弾です。僕はブルペンで座って見ていたんですが、ボールって、こんなに飛ぶんだと感心しました。

加納茂徳「ベースの近くに立つ勇気あるブルペン捕手」

昭和47年（1972年）に阪神に入ってきたキャッチャーで、ドラフト外だと思います。現役選手ではあるけど、ブルペン捕手のような扱いでした。

僕も昭和47年途中からはコーチ修行も兼ねて再びブルペンの主みたいになったので、大洋に移籍するまでの3年間、ブルペンでは2人で頑張っていました。

特徴のある選手ではなかったけど、キャッチングはうまかった。どんな球でもすごく簡単そうに捕る技術がありました。

ただ、一つびっくりしたことがあります。ブルペンで空いているキャッチャーに、ピッチャーやコーチが「ちょっと立ってみてくれ」と頼むことがありますよね、バッター代わりにと。これはやった人しか分からんと思うけど、バットを持たずに打席に入るのは怖い。どうしてもベースから少し離れて構えちゃうのですが、加納は違いました。平気な顔してホームベースのすぐ近くに立ちます。こっちが怖くなって「大丈夫?」と聞いたらニヤニヤしていました。

かなり長くブルペンで捕って、引退してからもずっと球団にいたようですが、こっちが選手をやめてからは、ほとんど会っていません。元気でいてほしいものです。

権藤正利「ノーサインで投げた細身のサウスポー」

大洋から東映を1年挟んで昭和40年（1965年）に阪神に来て、僕も何度もバッテリーを組ませてもらいました。大洋時代は28連敗という、おそらく世界記録を持っている方です。それだけ使ってもらったということですから打線の援護がなかった試合も多いんでしょうね。

真っすぐは球速よりキレ重視でしたが、カーブが本当によく曲がってびっくりしました。クルクルと曲がり落ちると言えばいいんでしょうか。右打者がバントを空振りした球が右足に当たるくらいの落ち方で、初対決の左打者はまず打てませんでした。

面白い思い出があります。再び登場の大洋・中塚政幸ですが、左打者の中塚に権藤さんがカーブを投げたとき、背中のほうから大きく曲がって来たので、中塚がびっくりした顔で大げさにひっくり返ったらストライクです。いくらなんでもびっくりし過ぎだろうと、権藤さんと顔を見合わせ大笑いしました。

権藤さんとは、いつだったか試合の途中で「ダンプ、サインを見るのが面倒くさい。ノーサインでいけるな」と言ってきて、そこからずっとノーサインピッチングをしました。そのほうが楽に投げられるそうです。

それほど速い球があったわけでもないし、僕も捕手技術が出来上がっていた時期だったので、特に問題なく捕球はできましたが、1回だけ薄暮の川崎球場の大洋戦で、左打者に対するストレートをパスボールしちゃったことがあります。

昭和48年（1973年）まで阪神にいて、なんだかんだあって退団しちゃいましたが、そのあともかわいがっていただき、大洋時代、横浜の中華街で一緒に食事をしたり、リンパマッサージの紺野義雄先生を紹介してもらったりしました。

ぎっくり腰になったときも、紺野先生のおかげで、4日間で何事もなく練習に復帰でき、みんなびっくりしていたこともあります。体調管理に興味を持つきっかけにもなり、選手寿命を延ばすことができたと思っています。ほんと感謝です。

ウィリー・カークランド「僕にミットをプレゼントしてくれた助っ人」

いつもアメリカ製の爪楊枝をくわえていた外国人選手です。昭和43年(1968年)に阪神に入ったんですが、ウサギのしっぽをポケットに入れていました。向こうのお守りのようなものらしいですね。

34歳の入団だったから衰えはあったのでしょうが、まともに当たったときの打球はすごかったですよ。田淵幸一みたいに高い軌跡じゃなく、低いライナーでぐんぐん伸びていく。巨人戦でショートの黒江透修さんがジャンプするくらいの打球がそのまま伸びてスタンドインしたこともありました。

守備もうまかったです。ライトが多かったのですが、藤井さんと同じく返球が正確でした。一度、僕がちょっと内側に寄ってくれと、守備位置を指示したことがありましたが、すごい打球がほんとにその方向に飛んで、カークランドがスーパーキャッチをしたことがある。いや、「ほんとに」じゃないですね。飛ぶだろうと思って飛んだんですから、狙いどおりです。

これでカークランドがむちゃくちゃ喜びましてね。通訳の山田伝さんから「ウィリー（カークランド）が、お前はいいキャッチャーだって言ってたぞ」と聞きました。お礼かどうかは分かりませんが、翌年春のキャンプでミットをプレゼントしてもらいました。ローリングスのピカピカの新品です。

ロサンゼルスにローリングスの専門店があって、一般の売り場の奥にメジャーの選手しか入れない場所があるらしい。カークランドは、そこで買ってくれたそうです。本当にいいミットで、そのあと阪神時代はずっと使っています。

考えてみれば、本当にあの守備位置の1回の指示だけで、そんな高い物をくれたのですかね。ほかにもいいことをしたのかもしれないけど覚えていません。

第6章

ダンプの球場漫遊記

懐かしの
川崎球場の
ラーメン屋さん

阪神甲子園球場「ブルペンで食べたおいしいゲソ焼き」

脱線、いやダンプだから回り道？　ついでです。次は阪神時代の球場の思い出を書いていきましょう。ちなみにすべて僕の現役時代の話です。その後、改装された球場がほとんどですし、あくまで僕の記憶なので、間違っていたらゴメンなさいです。

最初はやっぱり本拠地・甲子園球場からにしましょうか。

浜風がどうとか、雨が降ったときの甲子園園芸がすごいとかは僕が書かなくても誰かが話していると思いますので、ちょっと裏側からいきます。

阪神の選手がなじみだった『やっこ食堂』の前を通って関係者入り口から球場に入っていくと、すぐ左手に階段があり、上がると曲がりくねった狭い通路がありました。すぐあったのが選手用の風呂で、その先に球団事務所、お茶のおばさんの部屋、さらに監督室、コーチ室があります。

そこを通り過ぎると選手用のロッカーで、左側には広いスペースがあってバーベル、鉄アレイなどが置かれていました。記憶の中ではヒゲさん（辻佳紀）が一番重いバーベルを挙げたと思いますが、重さは覚えていません。その隣にベッドがあり、トレーナーの治療室がありました。

僕の主戦場であるブルペンは、ライト側のラッキーゾーンにありました。照明が薄暗くてね。ナイターで代打と言われて打席に入ると、ギャップから、まぶしいくらいに感じました。いつも笑い話になるんですが、ボールはすごく大きく見えるんですけど、なぜか当たらんかったですけどね。

5回くらいから、その日、出番のないベテラン投手がずらずらと入ってきます。彼らはいつも途中にあった店でゲソ焼きを買ってくるんですよ。僕は先発投手を受けたあと、二番手をつくるわけですが、見ていて先発が5回くらい持ちそうとなれば、そのあとは少しのんびりできます。

やれやれと椅子に座っていると、小山正明さんとかベテランの人が「おおい、ダンプ」と呼ぶんですよ。行くとゲソ焼きが置いてあって、一緒に食べて少しのんびりしていました。コーチはさすがに嫌そうな顔をしていましたけど、小山さんには誰も言えませんからね。甲子園のライト側ラッキーゾーン、薄暗い照明の下に、よからぬ男たちが集まっていたわけです。

外野スタンドもそうですよ。右中間の照明下にたむろしていたのが賭け屋でした。

詳しくは略ですが、結構、堂々とやっていました。

ブルペンから選手ロッカーまではグラウンドを通って一塁側ベンチから戻るのが一番近道ですが、ブルペンのすぐ脇に入り口があって荷物を運ぶための通路があります。

僕は、この通路をよく使っていました。真っすぐ行くと、ベンチの中を通らなきゃダメなんで、試合前や試合後だとマスコミがわんさかいるでしょ。ああだこうだ聞かれるのが嫌な人や、僕みたいな裏のクネクネした暗い道が好きな人が、この通路を使うというわけです。

途中、室内練習場を通っていくのですが、最初はケージもなく、打撃はティーくらいしかできませんでした。自主トレで吉田義男さんがボールを壁にバンバンぶつけて捕っていたのを覚えています。グラブさばきが軽やかで、いつも見とれていました。

後楽園球場「必死で捕球した恐怖のブルペン」

次は、セ・リーグでは巨人と最初は国鉄の本拠地でもあった後楽園球場です。

あそこはブルペンが大変でした。最初はファウルグラウンドにあったのですが、壁が曲線になっていたので、キャッチャーの位置に座ると、後ろにスタンドがあった。フェンスが低く、お客さんはみんなゲームを見ているから、ほんと怖かったですよ。ボールをそらしたら、間違いなくお客さんに当たって大ケガでしたからね。ワンバウンドが来たら、そのたび命懸けで押さえていましたが、ありがたいことに、昔の阪神はそんなコントロールの悪いピッチャーはいませんでした。

そのうち巨人だけ勝手に……じゃないけど、外野席と内野席の間にブルペンをつくって、ずるいなと思っていたら、少しあとにビジターにもつくってくれました。でもね、そのブルペンが、荷物を運ぶ都合とかで捕手の右足側が下がっていて、それはそれで大変でした。

グラウンドに関して言えば、昭和51年（1976年）に人工芝になりましたが、その前に内野が天然芝だった時代があって、雨あがりは芝がとにかく滑る。夏場、水をまいたあとも滑りましたね。ボールが跳ねずにツルッと滑るんです。

怖かったのは、ある試合前のシートノックです。水をたっぷりまいてあったのですが、外野からの返球を受けていたとき、ボールが急に滑って跳ねた。捕れなくて後ろにそらしてしまったんですが、その球がツルッと石の水切りみたいに走っていき、ホームベースの後ろの関係者入り口に勢いよく入っていきました。

いや、焦りました。中は見えなかったのですが、誰かいたら大事故ですからね。幸い誰にも当たらなかったみたいです。がやがやと声が聞こえたけど知らん顔をしてました。

広島市民球場「ちょっと恥ずかしかった通路での着替え」

せっかくだから当時の全球団の本拠地球場の話をしましょうか。

西から行きますが、まず西鉄の平和台球場は……いきなりすみません、パ・リーグの球場だからやった試合数も少ないし、あんまり面白い話はありません。

そうなると次は広島ですね。今のピカピカしたマツダスタジアムじゃないですよ。原爆ドームの隣にあった昔のボロい市民球場です。

あそこはビジターの三塁側のロッカーがほんと狭かった。レギュラーだけはなんとか入れますが、ほかは裏に多目的の部屋があって、そこに長机と椅子を置いて使っていました。でも、全員は収まりきらんし、密閉されているので夏はひたすら暑い。

選手の知恵というのか、通路に椅子を持ってきて代用していました。片側に網戸があるだけで風通しがよかったので、そこで着替えていましたが、通路の奥に女性用のトイレがあったもので、時々、おばさん、いや、お嬢さんたちと、裸になって着替えている僕らの目が合ってしまうんですよ。恥ずかしいやらうれしいやら……いや、うれしくはないか。もちろん、何事もなかったですよ。心配ご無用です。

あとは日差しの問題です。あそこは夕方になると太陽がレフト側から差し込みます。甲子園なら逆にライトスタンドの右サイドに落ちていくので、季節にもよりますけど、外野手以外はあまり気にならなかったのですが、広島は一塁手がサードからの送球が見えんとよくこぼしていました。ちょうど投手と一塁を結ぶラインでもあり、角度によっては一塁手がけん制球を捕れなかったりしました。背の低い投手はまだいいのですが、高い選手が上から投げると、ちょうど目に入ったそうです。

あとになって、日よけのために広告をつけた木の看板やシートができましたけど、それまではみんな大変でした。

大阪球場「見下ろすとくらくらする急勾配の客席」

次に関西に行きましょう。大阪には南海の本拠地だった大阪球場がありました。ここは、とにかく急勾配のスタンドの印象が強いですね。上がって下を見ると、くらくらするくらいでした。

オープン戦の打撃練習中、女の子が客席に一人いて、下を向いて週刊誌か何かを読んでいたことがあります。危ないなと思っていたら本当に打球が飛んでいって、女の子の顔に当たって血がドバッと出ました。あれはびっくりしたな。

そうそう、これはもう大洋時代でしたが、『江夏の21球』の舞台でもあります。これを書かんとあいつに怒られそうです。

日本生命球場「客席が近く、ヤジがよく聞こえ、しかも汚かった」

日生球場は近鉄とのオープン戦で使いましたが、大阪球場よりスタンドが近くて、ヤジがとにかくよく聞こえる球場でした。しかも河内弁のヤジで言葉が汚いんですよ。選手もカッカしてお客とケンカになったこともありました。

藤井寺球場&西宮球場「あまり面白い思い出はありません」

藤井寺も近鉄の球場で、西宮は阪急の球場でしたが、すみません、あまり面白い話はありません。

ナゴヤ球場「捕れそうで捕れなかったファウルフライ」

ナゴヤ球場は最初、中日球場と言われていて、ゴタゴタがあってナゴヤ球場に名前が変わりました。子どものころ時々観戦に行っていた地元球場でもあります。ベンチは深く掘り下げられ、コンクリートで固められていました。ベンチの屋根よりコンクリートのほうが30センチくらい前に出ていて、一度、そのぎりぎりにファウルフライが飛んだことがあります。

追い掛けてもう少しで捕れそうだったのですが、落っこちそうで危ないと手を引き、目の前に落ちました。エラーはついてないと思いますが、僕が覚えている捕れたはずのフライを捕れなかった2つのうちの一つです。

もう一つは後楽園での巨人戦で末次民夫のマウンド付近のフライです。普通なら投手が少し下がり、ファーストかサードが捕るんですが、どちらも追いかけなかった。仕方なく僕が追いかけたけど、届きませんでした。三塁まで進んだ末次が息をハアハアしながら笑っていました。

川崎球場「ラーメン効果の代打ホームラン」

大洋の本拠地だった川崎球場は一塁側の場外に名物のラーメン屋があって、よく出前をしてもらいました。

阪神時代、ほぼブルペンキャッチャーのようなものだったころです（1967年）。試合が荒れていなければ、先発を受けて二番手をつくったあとが一番暇なので、いつものようにラーメンを出前してもらって食べました。

少し食べ過ぎたかなと思って、バットを持って体操がてらに素振りをしていたら、いい感じに汗も出てきました。ここで「ダンプさん、ベンチに来て。ピンチヒッターだよ」って声が掛かったんです。

大洋の投手は森中千香良さんでした。すぐ2ストライク0ボールと追い詰められたのですが、そのあと森中さんの得意とするナックルボールをライトにホームランです。いつもは代打と言われてもブルペンからタタタッと打席に向かい、1、2回バットを振って終わりですから準備万端だったと言っていいかもしれません。

僕は大洋に移籍したとき、1年だけ森中さんと一緒になったのですが、「ダンプ、どうしてあの球を打てたんだ」と怒られました。まさかラーメン効果とも言えず、「すみません」としか言っていませんけどね。

僕はなぜか「なんで打ったんだ！」とピッチャーに怒られることが多いんですよ。そりゃ、バットを持って打席に入っているんだから打ちますよ。時々ですけどね。

川崎では、ライト前に打って一塁に楽々セーフだなと思って、ゆっくり向かっていったら、江尻亮が一塁に本気で投げてきたことがあります。危うくライトゴロになりかけ、両軍ベンチに大笑いされちゃいました。

明治神宮野球場「江夏豊のせいで僕がバスに置いていかれた話」

僕は人工芝の前、内野が黒土だったときの神宮が好きだったんですよ。きれいに整地されていたのでセカンドスローのとき、白いボールがすごく映える。甲子園の土は赤味があったんで、そこまではっきりしませんでした。気持ちよく思い切って投げることができ、ほかの球場より盗塁を刺していた気がします。

ラッキーゾーンがあった時代もありましたが、それをなくしたとき、ちょっと驚きました（１９６７年撤去）。公表されている広さは知りませんが、やっている僕らの体感では狭くなっていました。ホームベースを前に持ってきたんですが、ちょっと前過ぎたんじゃないですかね。

そうそう、バックスクリーンに電飾つきの広告をつけたこともありました。ご存じのようにバックスクリーンというのは、投手が投げるボールがはっきり見えるように黒っぽくした壁です。そこがチカチカしたら打者が打ちづらいのはいいにしても、キャッチャーも怖くてたまらん。すぐなくなっていましたけどね。

昔はベンチ裏も汚かった。三塁側のベンチの後ろに広い部屋があって、そこに荷物を置いていましたが、片側の端は通路で、男の小用のトイレが3つくらいありました。ドアはなく、段差の上にです。衛生上どうだったんでしょうね。三塁側の外に2階建ての建物があって、そこをロッカーにしていた時代もありました。

球場の話ではありませんが、神宮行きの選手バスに乗り遅れたことがあります。当時、宿舎から移動のバスに乗るとき、必ず最後は僕、江夏豊の順だったんですよ。だいたい僕が5分前で江夏が3分前かな。どの遠征でもそうでした。なんで遅いのか？いや、そう言われてもね。昔から何をやってもぎりぎりなんですよ。

あるとき淡路町にあったホテルから神宮に向かうバスに乗ろうとしたら、もうバスがなかった。その日に限って江夏が少し前に乗ったので、全員乗ったと思ったらしいですね。仕方ないのでタクシーを使わせてもらいました。

東京球場「若生智男さんとのビッグプレー？が生まれた」

もうなくなりましたが、東京球場もありました。上野駅から左手の方向で、昔、吉展ちゃん誘拐事件があった近くです（1963年の男児誘拐事件）。永田雅一さんという名物オーナーがおったころのオリオンズ（大毎・東京・ロッテ）の本拠地で、セでも時々試合があって、大洋とよくやっていました。

内外野が天然芝のきれいな球場でしたが、狭いうえに右中間、左中間の膨らみがないのでホームランが出やすかった。確か昭和45年（1970年）にロッテが優勝したときは5人が20本塁打以上だったと思います。バッターには天国でしょうが、リードするキャッチャーは大変でした。

ここでも僕の記憶はゲームじゃなく、ブルペンからです。ベンチを出て外野に向かうファウルゾーンにあるんですが、これが曲がっているんですよ。ブルペンがじゃなく壁ですね。捕手側にすれば、こっちに寄ってくる曲線になっている。しかもファウルゾーンが狭い球場だったので、ブルペンの幅が狭く、かなり壁寄りにあった。三塁側の端で右のサイド投手が大きなカーブを投げると、ほんと壁のギリギリに球が来て、一度、ほんとに当たったこともありました。

審判の富澤宏哉さんも思い出します。ゲームが始まる前の第一声が「辻君、ファウルだったら後ろに手を回してボールを捕ってくださいね」で、僕の「はい」の返事から始まった人です。肩の調子が悪く、投手まで投げるのがしんどかったそうです。

球審が富澤さんだった大洋戦で、投手はまたも登場の若生智男さんでした。ここでバッターがボテボテのゴロです。若生さんが突っ込んで来て、目の前の僕にグラブトス。僕は捕り、ブロックしてタッチ。三塁走者はベースを踏むこともなく、アウト……のはずでした。

ミットを見たら、なんとボールが入っていない！　ボールが天然芝の切れ目でポンと跳ねて若生さんのグラブが空振りしてしまったのです。富澤さんは「アウト」とは言わず、じっと状況を見ていました。僕は慌てて若生さんに後ろのボールを拾ってもらい、受け取って状況が分かっていなかった走者にタッチし、ここでやっと「アウト！」とコールしてもらいました。

ただ、走塁妨害と言われても仕方がない場面です。僕はすぐ若生さんにマウンドに戻って投球準備をしてもらい、富澤さんがプレーを掛け、若生さんが1球投げて、やれやれでした。

札幌円山球場「楽しかったビール園とジンギスカン」

次は地方球場を北からいきましょうか。

まず、北海道は札幌円山球場です。外野は芝生席だけど、内野はスタンドが少ししかなくて、パイプを組み合わせて内野の切れ目まで仮設スタンドをつくっていました。巨人―阪神戦となると、ぎっしりでしたし、今考えると危なかった。地震でもあったら一発で崩れ、大事故になっていたでしょうね。

この球場で一番覚えているのは、前も書いた昭和43年（1968年）7月2日の巨人戦です。江夏がアウトローの大事さを覚えてからの試合で、僕自身がコンビネーションを覚えた試合でもありました。

試合が終わったあとのビール園も楽しかった。20人くらいで出掛けて、ジンギスカンを食べ、ビールを飲んで大騒ぎをしていました。

県営宮城球場「明暗はっきりの霧の中のノック」

札幌ビール園のジンギスカンもうまかったけど、僕が日本中あちこちで食べて一番おいしかったのは、仙台に初めて行ったときに食べたササニシキです。お米がこんなおいしいんだとびっくりしました。

失礼。これは食べ歩き企画じゃないですね。仙台だと県営宮城球場（現楽天モバイルパーク宮城）ですが、時々、海から幕みたいな深い霧が出て、ナイターだとレフト方向のフライがまったく見えなくなりました。

そうなると、審判に言われ、コーチがレフトに向かってノックでフライを打ち上げるのですが、面白いもんで、試合成立前にやると、勝っているほうは「見える、見える。試合十分行けるよ」と言って必死に捕るんですが、負けていると「見えない。まったく見えない。これは無理」ってボールも追いかけない。

あのノックは見ていて笑いましたね。

この球場での試合前、大洋の平松政次に「ダンプさん、俺だけヒットが多いんじゃないの」と、やっぱり怒られたことがあった。実際、あいつのシュートを結構、打っていたんですよ。僕はどうせ長打はないし、詰まるのが怖くなかった。いつもより右手をしっかり握って思い切って振ると、うまいことショートの頭を越えることがありました。

秋田市営八橋球場「鶏肉嫌いの若生智男さんが食べたつくね」

東北の日本海側、秋田に移りましょうか。

ここで使っていた秋田市営八橋球場は、狭くてフェンスも低かった。スコアボードが移動式でベンチの脇にあるような田舎の球場でしたが、それでも一軍の試合を普通にやっていました。ダグアウトがかなり深く、ぼろい球場でしたね。

ただ、狭いだけあって、逆にみんな勘違いして思い切って振ってくるんですよ。結果的に詰まるバッターが多かった印象があります。キャッチャーとしては、腕の見せどころみたいな球場でした。

食べ物もうまかったなあ。ここの比内《ひない》鶏が、ほんとにうまかった。遠征に行くと、必ず行く店があったんですが、ほかの鶏肉とはまったく違う。聞いたら、地面が斜めになっているところで放し飼いにするらしいですね。普通の鶏より大きくて、肉はやや固めだったけど、歯ごたえがあって、うまみが違いました。

その店に、みんなで食べに行ったとき、面白い話があります。主人公は、またも若生さんですが、この人、鶏の専門店に行きながらも、実は鶏肉が大嫌いだった。確か野菜やら魚やら食べていたと思いますが、ふと見たら、置いてあったつくねに手を出して食べたんです。

みんな「あっ!」って声出したんですけど、一応、若生さんに「それ、おいしいですか」って聞いたら「おいしいよ。でも、なんの料理?」と聞くから「鶏のつくねです」。目を白黒させていましたね。

藤崎台県営野球場「女中さんたちがキャーと絶叫した熊本の夜」

もう一つ若生さん絡みでいきましょうか。場所は一気に九州まで飛びますが、ご勘弁ください。

あれは昭和39年(1964年)、シーズン後に巨人、南海、阪神、西鉄で九州でのオープン戦があったときです。その遠征で熊本に行ったとき、若生さんは普段はそんなに飲まないのに、店の馬刺しがうまかったのか、結構、飲んだんですよ。そしたら店を出た途端フラフラになってね。なんとか商店街の脇にあった宿までみんなで連れて行き、5、6人で担いで、若生さんの部屋があった2階に引き上げようとしたのですが、このとき宿の女中さんに悲劇が起こったんです。

当時、阪神に和田さんというトレーナーがいました。片方の目が義眼で、いつもは色がついたメガネで隠していたんですが、宿ではメガネはしとらんかった。僕らが帰ってきて騒いでいる様子を見にきたらしいんですが、若生さんの手と足を持って運んでいたのが面白かったようで、大笑いしながら近寄ってきたと思ったら、階段で滑ってこけたんです。

そしたらそのとき、義眼がポロリと落ちちゃってね。たまたま女中さんが2人通って、その顔を見ちゃった。キャーッと悲鳴です。

ものすごい声だったんで、こっちもびっくりして若生さんを運んでいた手を離しちゃって、ゴンゴンゴンって若生さんが階段を落ちてしまいました。ああ、やばいと思って、みんなで若生さんに駆け寄ったけど、うまいこと落ちたのかな。「う～ん」とか言いながらまだ寝ている。悪いなと思いながらも、みんなで大笑いしました。

あれ、球場の話がなかったか。

このときは熊本の藤崎台球場でしたが、外野にでっかい木があったからなのか、蛾《が》がいっぱい集まってきました。特にブルペンは、もう仕方ないくらいたくさん来るんですよ。球場の明るい照明じゃなく、少し暗いブルペンが好きみたいです。

西京極球場「江夏豊に感動した球場も蛾が多かった」

もう一度、関西に戻しましょう。

阪神が夏のロードになったとき、ホームで何試合か使っていたのが、京都の西京極球場です。ここも外野に大きな木があって蛾が多い球場でした。あとで出てきますが、江夏に感動した球場でもあります。

姫路球場「東映の打撃練習にびっくりし、マツタケに舌鼓」

公式戦で使うにはちょっと狭い球場でしたが、東映とオープン戦をやったときの打撃練習がすごかった。張本勲さん、大杉勝男、白仁天ら腕っぷしのものすごい連中がほとんど片手でカンカン、スタンドに放り込んでいました。タイガースは、どちらかと言えば貧打線ですから、みんなあっけに取られて見ていました。

これは球場とは関係ありませんが、休みの日になると姫路に行くタイガースの選手がたくさんいました。熱心なファンの人がいて、その人の家の近くの山の中でマツタケがたくさん取れたからです。そこで食べさせてもらったり、持ち帰ったりしていました。高級品ですからありがたい話です。

岡山県野球場「初めて開幕戦でスタメンマスクをかぶった」

次は西隣の岡山県にしましょうか。岡山県野球場は昭和43年(1968年)、僕が初めて開幕のスタメンマスクをかぶった思い出の球場でもあります。甲子園がセンバツで使えないので、地方で開幕戦をしたときですね。先発は村山実さんでしたが、負けてしまいました。

あとヘビの話もありますが、あれは大洋時代なのでまたにします。

安芸市営球場「2月でも裸でいていいくらい暖かい」

次は瀬戸内海を越えて四国に行きましょう。高知には阪神の春季キャンプを長くやっていた安芸市営球場があります。海流の関係もあるのか、晴天で風がなければですが、日なたなら2月でも裸でおってもいいくらい暖かかったです。二軍は川っぺりで練習したのですが、すごく風が強かった印象があります。

高知市野球場「阪急の強力打線にやっぱり肩身が狭かった」

同じ高知には、阪急がキャンプをやっていた高知市野球場もあります。キャンプの終盤に必ず阪神と阪急でオープン戦をしていました。最初、レフトは芝のスタンドがあっただけだったのが、途中からは高い柱が立てられ、網が張られました。阪急打線がすごかったですからね。スペンサー、長池徳二（現徳士）らがバンバン、ネットに当てていました。貧打の阪神だったんで、このときも、ずいぶん肩身の狭い思いをしました。

第7章

涙、涙？の阪神とのお別れ

阪神のコーチとして
骨を埋めるつもりだった
著者だが……

【1972年（昭和47年）】これがとどめ？　田淵幸一の打撃完全覚醒

脱線と回り道でお忘れになったかもしれませんが、話は昭和46年（1971年）を終えたばかりです。

田淵幸一は、病気が快復してからも一塁か外野で、ずっと僕がマスクをかぶっていたのですが、次の昭和47年のキャンプで打撃練習を見たらびっくりです。打球の伸びが違う。一度、高々と上がったら、そのまま落ちてこないんですよ。

昭和45年（1970年）に打撃がよくなったという話を書きましたが、さらにもう一つレベルが上になっていました。球を飛ばすだけなら、巨人の王貞治さんよりすごかったと思います。

ああ、こいつには勝てんなと、あらためて思いました。

田淵の成長を兼任監督の村山実さんも感じたのか、この年の途中から「ブルペンでコーチの勉強してくれないか」と言われ、またブルペンがメインになりました。この年は、村山さんがつくった制度なのですが、ベテラン何人かが選手とコーチの橋渡しをする幹部選手となり、僕も選ばれ、コーチ会議に出るようになりました。

選手一筋でやっていきたいという思いはまだまだ強くありましたが、村山さんにはずっとよくしてもらっていたので、このままコーチの勉強をし、何年かして引退して村山さんの下でコーチというのも、それはそれでいいかと思っていました。

ブルペンの捕手はほかにもいたので、以前ほど大変じゃなかったですしね。毎日300球は受けていたと思いますが、昔に比べれば半分です。

ブルペンでの調整の仕方

投手はブルペンでの調整の仕方もそれぞれで、ただただ思い切り投げておきたい人、細々と自分の状態を確認したい人、投げろと言われるからなんとなく投げている人といろいろです。

先発投手のアップはだいたい20分ほどですが、一番短かったのは、権藤正利さんです。10分もやってないと思います。最初に少し話をしたり、キャッチボールもしますから、座って投げるのは5分もないかもしれません。スタミナに自信がないから、疲れるのが嫌だったようです。特に夏の暑い日は短かったですね。

僕がブルペンで受けているときの基本的なパターンは、真っすぐなら高低、左右を投げさせ、持っている変化球をひととおり、いい感じになるまで投げさせます。それで最後は真っすぐをパンといい音で捕ってやって、向こうを気持ちよくさせてマウンドに送り出すわけです。

先発投手の場合、時間もそこそこありますから、その選手に合わせて考えたコンビネーションでやっていました。右投手なら外低めに真っすぐ、次は同じところからボールゾーンに曲がるスライダーで、次はインローにカーブとかですね（対右打者）。

若い選手であれば、勉強させる意味もあって、その中でさらに「2—2だと思っていこう」とカウントを設定したり、変化球も例えばフォークが低めのいいところに決まったあと、もう1個低いところに落ちるフォークを投げさせたりしながらやっていました。ただ、フォークに関しては、絶対にワンバウンドしないピッチャーだけです。まだブルペンで防具を使ってなかった時代なので、地面に着いたら怖いですしね。

褒めるだけじゃなく、時々、「ダメ、ダメ。もう少し低く投げんと」みたいなことも言いましたが、最後は「よし、いいね」とハッピーエンドになるように気をつけていました。単なる投球練習じゃなく、試合の準備ですからね。

のそっと入ってきて、そのまま投げ始めるのが江夏豊でした。こちらも特に言うことなく、たぶん江夏が投げたがっているところに構え、あいつも何も言わず淡々と投げて、最後は「どうも」くらい言ってマウンドに向かいました。

これは僕と江夏だからできたことなので、今の選手にはお勧めできません。

名人芸だった自画自賛のピックオフプレー

キャッチャーの仕事は投手のリードだけではありません。盗塁を刺す、本塁に突っ込む走者をアウトにする、バントを処理する、野手に守備位置を指示するなど、やることはたくさんあります。いや、やることというより、やれることですね。やらないキャッチャーもたくさんいますから。

僕が好きだったのが一塁へのピックオフプレーです。走者のリードが大きいときだけでなく、バントシフトで、わざと一塁手に飛び出してもらって隙をつくり、バッターにはボール球でバントさせず、ベースカバーに入った二塁手に投げてアウトにすることもよくありました。自画自賛の名人芸です。

達川光男（元広島）に聞いてもらえば分かると思います。大洋時代ですが、あいつにも1回決めたことがありますからね。コツは右足のつま先です。捕球前からそこだけを一塁側に向けると、走者に気づかれずワンテンポ早くなり、アウトにする確率が増えます。

これを見抜いたのが巨人です。なかなかうまく決まらないのでどうしてかと思っていたら、僕がつま先を動かすと一塁コーチが走者に声を掛けていた。V9時代の巨人は本当に細かい野球を仕掛けてきました。

状況は違いますが、中日の髙木守道さん相手にきれいに決まったことがあります。盗塁王にもなった俊足選手ですが、じっと観察していたら一つクセがあったんです。当時、甲子園は一塁ベースから2メートルくらい離れた場所の土が少し柔らかくなっていて、盗塁をするような選手たちは、タイムを取って、そこをならし、感触を確かめていました。髙木さんもそうだったのですが、四球のときはタイムを取らず、それをやっていました。

ある試合で髙木さんが四球を選び、顔を見たら走る気満々だったので、ここだと思いました。髙木さんが一塁ベースに向かってタタタッと駆けていくのを見て、ベースを踏んだあたりで「もしかしたら投げますよ」と言っておいた一塁の遠井吾郎さんに投げた。案の定、タイムも取らず、塁を離れたのでタッチアウトです。

こっちはしてやったりですが、髙木さんの顔を見たら真っ赤になっていました。またまなんですが、その日、僕が二塁打を打ったら、いきなり投手が普段は投げないけん制球を投げてきて、セカンドの髙木さんが捕って殴りつけるような強いタッチでアウトにされてしまいました。

行って来いというのは、こういうことを言うんですね。

もう一つ、これも決まると爽快だったのが、二塁走者へのけん制です。二塁走者がベースから離れて油断しているとき、いつもの投手への返球のようにゆったりした動きをしながら最後、ピッと力を込めて投げる。それを投手が捕らずにスルーし、ベースカバーに入った野手が捕ってアウトです。決まったときの走者の悔しそうな顔が愉快でした。

なんだか相手が嫌がることばかりする性格の悪い男みたいに感じ始めたかもしれませんが、それはグラウンドの上だけです。普段は今と変わらず、穏やかで優しいダンプさんでした。

いくらなんでも……バッキーのツバにびっくり

またまた、あまり関係ない記憶が出てきました。ボールの話です。

ボールは球団で違いがあって、ホーム球場はエースが意見を出すことがあったようです。前に江夏の本を読んでいたら、それまで村山さんが好む縫い目の高さだったのが自分好みになり、「ああ、これからは自分がエースとしてやっていかなきゃいけないんだ」と思ったという話が書いてありました。

縫い目の高さは、ピッチャーの指先の微妙な感覚ですから、僕はあまり気にならなかったのですが、ピッチャーによってボールの革の状態の好みがいろいろあり、それはこちらも気にしながらやっていました。

昔は試合用の新品のボールは銀紙に包まれて球場に届けられました。それをむくと表面に少し油脂が残っていて滑る感じがあります。試合前に、若い審判がそれを細かい砂でこすってきれいにして使っていたんですが、まだ多少ぬめりがあった。小山正明さんはこの状態が好きで「銀紙をむいたばかりの球をくれ」と言い、汚れたボールだとすぐ交換していました。

逆に江夏は、このぬめりが嫌いで、審判からボールをもらったら、僕がまず手でこねてから渡し、あいつもマウンドでしばらくこねていました。裏技として僕も最初は気がつかなかったのですが、審判に分からんようにマウンドをさあっと左手で払って砂をつかみ、ボールをこねていたこともあったらしいです。これは他球団の選手に教えてもらいました。

思い出したのはバッキーです。あいつはスピットボールと言って、指先をツバでベトベトにして投げてきたんですよ。おかしな変化をして危険ということで禁止だったので、こっそりね。

昔は三振でイニングが終わったとき、キャッチャーがコロコロッとマウンドに向けてボールを転がして帰っていました。バッキーでそれをしたとき、手がなんだか気持ち悪かったので、まさかと振り返ったら、ベタベタのツバが光り、そこに砂がついていたことがあります。審判に見られんように拾って、ユニフォームでふいてから転がし直しましたが、ほんと、びっくりもんです。あんなにツバつけんでもいいのにね。

キャッチャーはバットの観察も重要です

キャッチャーにとって試合中のバッターの観察はものすごく大切です。仕草や打撃フォームだけではなく、芯を食ったときの打球方向や勢いを頭に入れておくと、のちのち役に立ちます。

どんなバットを使っているかもその一つです。そのバッターが長打を狙っているのか、アベレージを重視しているのかも分かりますからね。

都合がいいのは、キャッチャーは近くからバットを観察できるし、打ったあと、みんな置いていくでしょ。それを拾い上げて、ボールボーイに渡すときに重さとか長さ、重量バランスをチェックできます。特に調子のいいバッターですね。打てないバッターのバットを見ても大して役に立ちません。

いいバットの条件として、よく言われるのは芯の弾きのよさです。バットの太いほうをコンコンとたたくと、「キーン」といい音がする場所が芯です。この音が濁っていると弾きが悪くなります。実は太い部分だけじゃなく、グリップにも芯があって、そこを握ってバットを使うと上の芯に力がよく伝わると、僕らの時代は聞いたことがあります。

バットのたたき方のコツもあってゲンコツとかではなく、左手で太い部分を握ったら、右手の小指の下、肉球みたいになっている場所でバットの芯の部分をたたきます。このとき、「コンコン」か「キーン」という音がしたらバットの弾きがよく、よく飛んでいき、コンコンよりキーンのほうがよりよく飛びます。逆に「ボーン、ボーン」と濁った音がしたら弾き具合が悪く、あまり飛びません。

なぜ肉球でたたくのか？　なんとなくですけれど、そこでたたいて音を聞くと、まず外れませんでした。猫みたいですが、ダンプの〝神の肉球〟ですね。ただ、さすがに相手のバットを拾ったときにたたくまではできません。味方のバットで試し、握ったとき、似た感触ならそうなのかなと思っていただけです。

「俺を出して」と生意気だった新人左腕の山本和行

昭和47年の話に戻ります。この年、亜細亜大からドラフト1位で入ったのが、サウスポーの山本和行です。なかなか図太いヤツでした。

ブルペンで投げているとき、左手の使い方が多少小さかったので、「もっと大きく使ったほうが、打者が嫌がる間《ま》ができるぞ」と言ったら、短期間で修正してきて驚きました。こんなセンスのいい投手は久しぶりだなと思いましてね。

ただ、最初からいい球を投げてはいたのですが、体の動かし方が硬かった。ステップした足が内側に向き、着地したときにグリップがかかって、その場で突っ立ったまま腕を振るようなフォームになっていたんですよ。だから足のつま先が真っすぐ打者に向くようにさせ、重心がバッター方向に移動していく柔らかい体の使い方を覚えさせたら、球がピッと行くようになりました。

それで夏くらいかな、

「辻さん、ええ加減、試合で投げれるように上に言ってくださいよ」

と言われてびっくりしました。そんなことを言う1年坊主を見たことがなかったからです。ゲーム後のコーチ会議で報告したら、村山さんから「面白いやっちゃな。チャンスをやってみようか」と言ってくれました。

村山さんとはまた違うけど、山本のフォークはよかったですよ。村山さん同様、キャッチャーの防具がいらん球、要はワンバウンドしない球でした。ただ、テークバックのときに少し握りが見えたので、「直したほうがいいぞ」とアドバイスしたんですが、

しばらくたってから、

「変えるには時間がかかるし、投げにくい。打たれたら自分が責任取りますから」

と言ってきて、これもびっくりです。ほんと新人かなとあらためて思いました。

この年、阪神によくあるドタバタで村山さんが引退だけじゃなく、監督も辞めて退団され、金田正泰さんに監督が代わりました。ただ、いずれコーチになってもらうというのは、村山さんだけじゃなく、球団の人にも言われていたことなので、それについての心配はあまりしていませんでした。

甘かったですね……。

【1973年（昭和48年）】長嶋茂雄さんにも殺されかけた！

昭和48年5月29日には忘れられない試合もありました。なんと、僕が国民的スターである長嶋茂雄さんに殺されかけたのです。

あれは甲子園の巨人戦でしたが、長嶋さんは調子がよかったのか上機嫌で、打席に

入る前、

「よーし、ダンプ。打たせろよ！」

と大きな声で言って、いつものようにバットをくるくると回し始めた。これも調子がいいときほど動きが大きく、勢いがよくなるんですよ。

そのとき、ちょっと下を見たら突然ゴツンと大きな音がして、自分の頭がすっと落ちていくのが分かりました。そこから記憶が飛んだのですが、しばらくしたら、

「お～い、ダンプ。大丈夫か」

という声が聞こえました。王さんです。不思議ですね。ほかの人も声を掛けてくれたと思うんですが、王さんの声だけがはっきり聞こえました。

長嶋さんがぐるぐる回していたバットが僕の頭にまともに当たったんですよ。当時のキャッチャーはヘルメットなんて着けてないからめちゃくちゃ痛かった。王さんは「あとでチョーさんによく言っておくからな」と言ってくれましたが、このとき長嶋さん、なんて言ったか分かりますか。

「おい、ダンプ、いつまで寝てるんだ。早く起きろ！」

調子がいいから早く打ちたかったんでしょうね。

長嶋さんは特別な選手でした。見ているお客さんに「何かが起こるぞ」とわくわくさせる力を持った人でした。後楽園でチャンスに打席が回ると、場内アナウンスの前から地鳴りみたいな拍手が起こります。

これは王さんにはない、長嶋さんだけのものです。そのとき、こっちが「あ、ここは打たれるかも」と思うと、必ず打たれました。

史上初の延長戦ノーヒットノーランでサヨナラ弾

江夏がとんでもないことをした年でもあります。僕が受けた試合でしたが、8月30日の中日戦（甲子園）で、あいつが延長11回をノーヒットノーランで投げ切り、自分でサヨナラホームランを打った。確か142球かな。延長のノーヒットノーランは史上唯一だと思います。

相手投手の中日・松本幸行もいいピッチングをしていました。この男は、ほぼノーサインみたいなテンポで投げ、いつも試合時間がものすごく短かった。この日もいい感じに江夏とテンポが合って試合が引き締まり、心臓が悪かった江夏にも疲れた様子はありませんでした。

今はみんな9回投げるのにヒーヒー言っている時代なのに、延長戦の最後まで投げて打ってですからすごいですよね。あんな試合、もう二度と見られないでしょう。

それとも大谷翔平がそのうちやってくれるかな。でも、ヒジは心配ですね。


これは江夏のときだけじゃありませんが、僕はスタメンマスクをかぶると、まず完封させることを考えました。

野球は1点でも取られたら不利になります。当時の阪神は打撃力が今一つだったので守り勝つしかない。1点の重みを感じながらの戦いが多かったです。

そうは言っても点を取られることはありますが、なんとか最少失点に抑え、それ以上、追加点を与えない。その繰り返しです。

走者を出すことは、ある意味、許容範囲です。江夏はクビを振ってくるのでしませんでしたが、嫌なバッターにわざと四球を出したこともよくあります。要はホームにかえさなきゃいいわけですし、ダブルプレーにすれば、2つ三振を取るより球数が少なくなることもあります。

併殺を狙うときは、シュート、スライダー、フォーク、シンカー等、球種はどれでもいいのですが、まずはバットに当てさせ、しかもゴロにしたいので、小さい変化の球が必要です。これで詰まらせるか、引っ掛けさせるかについては、大ざっぱに言えば、スイングが鈍い人には詰まらせる、スイングの速い人には引っ掛けさせることを考えました。

キャッチャーだけでなく、内野陣がバッターの特徴を理解していると併殺にしやすくなります。江夏の入団前ですが、吉田義男さん、鎌田実さんはベスト二遊間だったと思います。

江夏豊の言葉に泣きそうになった話

一ついい話を思い出しました。ノーヒットノーランの20日ほど前の試合で、僕が1カ月くらい試合に出ていなかったときです。ある意味、その試合があったから、ノーヒットノーランの試合を受けることができたと言っていいかもしれません。

8月11日、西京極でのヤクルト戦です。試合前、近くの食堂で昼飯を食べた6人ぐらいが食中毒になってゲームに出られなくなりました。その中に田淵もいて、急きょ僕にスタメンで出てくれとなりました。

阪神の先発は江夏だったのですが、あのときは心臓がかなり悪くて、黒津先生という主治医の方が、ベンチにスタンバイしていました。投げるたびに心臓がバクバクするのでしょうね。苦しそうな顔を何度もし、イニングの合間には心臓部分を氷で冷やしながら投げていました。

途中からは先生が「もうやめとけ！」と言うのに、江夏は「大丈夫」だけ。僕もマウンドの江夏の様子を見て、心臓が落ち着いてから返球していました。

審判からは「ダンプ、早く投げろ、間《ま》が空き過ぎているぞ」と怒られましたが、そこは「はあ」とかとぼけながらです。

ただ、見ていて、「さすがにこれはもう無理かな、僕からも代わるように言おうかな」と思っていたとき、ベンチでの江夏と先生のやり取りが聞こえてきたんです。

「投げるよ。久しぶりにダンプさんがゲームに出てくれているんだ」

びっくりして、思わず聞こえなかったふりをしました。あいつ、面と向かっては憎まれ口ばかり言うんですが、ほんとはすごく優しいヤツなんです。いつも怖い顔をしてるんで、ずいぶん損してますがね。

まあ、人のことは言えんかな。

江夏はこの試合、3安打完封です。ほんと、すごいヤツです。

上田次朗の登板にびっくりしたが止められず

この年は巨人と優勝争いをし、劇的な試合がたくさんありました。有名な池田純一（当時は祥浩）のエラーもそうです。8月5日の甲子園の試合で、2対1から黒江透修さんが平凡なセンターフライを打ち上げたのですが、センターの池田が足を滑らせて転倒し、ボールが転々。これで2点を取られ、2対3で負けてしまいました。記録上はエラーがつかず、三塁打だったと思います。

池田はピッチャーとして入団し、すぐ外野手になりました。昭和40年（1965年）の入団で、いつだったか忘れましたが、沖縄でオープン戦をしたとき、試合前にホームラン競争をしたことがあります。僕がピッチャーをしたのですが、池田も出ていて全部打ち損じばかりとなり、申し訳ないなと思った記憶があります。

あの後逸は、だいぶしてから〝世紀の落球〟とも言われ、池田も随分悩んでいましたが、まだシーズン途中ですし、直後は僕らだけじゃなく、マスコミやファンも含め、誰も特に痛い負けとは思っていなかった。単なる、あと付けですね。

本当に大きかったのは10月11日の巨人戦（後楽園）じゃないでしょうか。

江夏が先発して2回で早くも7対0になった試合です。僕が覚えているのは、上田次朗（当時は二朗）の登板です。あの年、次朗はエースと言える活躍をしていましたが、終盤に来て少し調子を落としていたんですよ。

江夏がつかまり、代わった古沢憲司も今一つで7対5となった6回途中です。金田監督はカンと打たれると、反射的にベンチを飛び出す人だったのですが、このときも勢いのまま、コーチに相談せず、上田に交代と告げてしまったようです。

僕は半分コーチみたいな立場だったので、ブルペンではベンチからの電話も自分で取り、投手の状態を伝えていました。このときの上田は調子が悪いうえに、まだ仕上がっていなかったので、コーチの柿本実さんからの電話に「ちょっと待ってください。無理です。今出したら絶対打たれますよ」と言ったのですが、「仕方ないだろ。監督が言っちゃったんだから」と泣きそうな声で言っていました。

案の定、代打の萩原康弘に逆転3ランを打たれてしまった。最終的には10対10の引き分けですが、あの試合に阪神が勝っていたら、普通に優勝だった気がします。

最後は、お互い勝てば優勝の最終戦で0対9と大負けし、甲子園は大暴動となりました。僕はブルペンにいたので、そこから例の通路に入って逃げましたが、巨人の選手だけじゃなく、阪神の選手も逃げ遅れて蹴られたり、帽子を盗まれたりしていました。スタンドからでかい角材が飛んできたりで、危ない試合でした。

オフになってからですが、あの優しい権藤さんが金田監督を殴った事件もありました。よくも悪くもにぎやかな1年でしたね。

【1974年（昭和49年）】スーパー新人・掛布雅之の打撃にびっくり

続く昭和49年の春、いつものように練習が終わってブルペンから通路を通って戻ろうとしたら、室内練習場でものすごい勢いでバッティングをしていたのが、ドラフト6位で習志野高から入った新人の掛布雅之でした。

最初は「おお、頑張ってるな」くらいで、そのまま通り過ぎようと思ったのですが、打球音が違う。見たらスイングもすさまじくて、ついつい足を止めて見ていました。体は小さかったけど、とても高校出の新人には思えなかったですね。

掛布は、同じく新人でドラフト1位、中央大出の佐野仙好とサードの定位置を競い合っていました。オープン戦の試合前には、コーチの安藤統男さんがファウルグラウンドで2人に40分の猛烈なノックをし、試合前なのにいつもドロドロです。それに加えて打撃練習もするし、普通に試合にも出ていたからタフですね。

日生球場でのオープン戦のとき、たまたま2人のグラブがベンチに並んで置いてあったことがあります。佐野のグラブは汚くて使い込んであって、掛布のグラブは新しくてオイルできれいにしていた。「イメージと違うけど、性格が出ているのかな」と思いました。確か、その試合で掛布は4安打していたと思います。

この年のオフ、吉田さんが監督になることが発表されました。その少しあとだったと思いますが、編成をされていた河西俊雄さんに喫茶店に呼ばれ、「ダンプ、大洋にトレードが決まったよ」と言われました。

吉田さんが仲の良かったヒゲさん(辻佳紀)を戻したいとなって、当時ヒゲさんが所属していた大洋に相談し、僕との『辻辻トレード』になったそうです。

頭の中が真っ白になりました。先ほども書いたように、村山さんの時代、球団から

「引退後はコーチになってもらう」という約束があり、正直、この3年間はコーチ修行と思い、体を必死に動かしていたわけではありません。阪神に骨を埋めるつもりで1年前に家を建てていましたしね。「プロ野球の世界は家を買うとトレードになるよ」とからかわれていたのですが、本当にそうなってしまってびっくりです。

ただ、大洋の横田茂平社長が「投手はいらん。外野手も内野手もいらん。試合に出ない選手でいいです」と河西さんに言い、河西さんが「それはうちの辻ですか」と聞いたら「はい」と答えられたと聞き、僕をどこでどう見ていたかは知りませんが、うれしい話だなと思いました。

欲しいと言われて行くわけですし、ごねても話が変わるわけでもありません。まだ32歳、元気があればなんでもできると、前向きに話を受けることにしました。

で、大洋では……分かっています。ここから先は、この本が売れたらですね。

おまけ企画

せっかくだから捕手論を話しましょう!

ダンプさんの構え見本

投手が投げやすい構えを

――タイトルに『81歳のキャッチャー論』と入っているので、巻末企画として技術論も聞いていきたいと思います。まず、ダンプさんの構えの基本は、これですね（前ページ写真）。

「年で体がきついから、ここで止まっていますが、もうちょっと、つま先側に力をかけ、少し尻を上げて体を起こします。それで呼吸を腹のあたりにすっと落とし、胃袋あたりに意識を置きます」

――呼吸ですか。

「野村克也さんは『ここに構えるから、しっかり投げろよ』という感じでしたが、僕はピッチャーが投げやすいように、相手の呼吸に合わせました」

――右手はミットに添えるんですね。

「昔はみんなそうでした。ボールをこぼさんようにもあるし、捕ってすぐつかめるからスローイングに入りやすかったのもあります。極端だったのがヒゲさん（辻佳紀）で、この人は内野手が両手で捕るときみたいに、ミットよりかなり前に右手を置いていた。あそこまで出すと、やっぱりファウルで突き指とかしますから、控えのときは『やった！　俺の出番や！』と思うのですが、あの人は休まなかったね。昔の人は、みんな元気です」

――今のキャッチングは右手を腰の後ろに持っていきますが。

「いつからかそうなったね。だいぶ前ですが、子どもたちの試合を見ていたら、キャッチャーの子が審判に『危ないから右手を後ろにしなさい』と指示されていて、そんなルールないだろとびっくりしたことがあります。そんなに危ないことないですよ。相手がバットを振ってきてから手を後ろにやっても十分対応できます。僕は42歳までプロでやっていて、ファウルを右手に当てたのは1回だけですからね」

――右手を後ろに置くと、どんな問題があるんですか。

「絶対にダメというわけじゃありません。ただ、投手に正対して構えて、そこから右手だけ持っていくならいいんですが、体が手につられて回りがちになる。極端に言えば、体が二塁手のほうを向いて、顔とミットだけ投手に向いてしまうんですよ。そうなると、どうしても腕だけでボールを追いかけてしまうから、ミットが流れやすいし、審判からボール球に見えやすい。あと、ピッチャーから見たらどうなんでしょうね。

横着に見えないですか」

古田敦也の捕球は子どもには難しい

——今はヒザを着けての捕球が主ですが、これについては。

「お勧めはしませんが、走者がいないときならいいと思います。確かに、着いたほうが低く構えられるというのもありますしね。僕らも投手の球が高めに来るとき、低めに意識させようとヒザを着くときはありました。口の悪いコーチから『穴を掘って、その中で構えろ』と言われたこともあります。

ただ、左ヒザを着けると、やっぱり体が傾くでしょ。体の右側に来た球を捕るときは、どうしても手だけで追いかけて捕り損なうこともあります。着かずにいれば、外に行った球はひょいと体ごと動かして捕れるので確実性が上がると思います」

——なるほど。

「あとね、やっぱり暴投に対しての最初の動きが遅くなります。いくら走者がいなくても、後ろにボールが行くと投手のリズムはおかしくなりますしね。キャッチャーは多少、体がきつくてもピッチャーが安心して投げられる構えをしなきゃいけないと思います」

――捕球は体の近くと言っていましたよね。

「ボールは向こうから来るんですから、おかしなことをせず、『お前、よう来たな』と待って捕ってあげればいいんです」

――腕を伸ばすようにして捕る捕手もいます。

「中尾孝義（元中日ほか）から始まり、古田敦也（元東京ヤクルト）で広まったと思うけど、手を伸ばしてパチンと捕る人は増えてます。古田はすごかったですね。外の球は少し外から内に入れるように突き出して捕って、しかもゾーンぎりぎりでピタッと止めるでしょ。それで審判はストライクとコールした。

ただ、あれは子どもには難しい。指導者が古田を例にしながら、マネしなさいと指導していたのを聞いたことがあったけど、子どもの腕の力では、どうしたってできません。ミットが球に負けて動いてしまいます。あと、古田にしても、ただガッと強く腕を突き出すわけじゃなく、一瞬ふっと力を抜いたところから、捕る瞬間、力を入れて、パチンと捕っている。ああいう呼吸まで分かったうえで指導してほしいですね」

――キャッチャーの動きを見ていると、捕球するとき、１回ミットを下げてから上げる動作がありますが、ダンプさんはどうやっていましたか。

「僕はしなかった。ピッチャーがボールを放してからならまだいいけど、みんな少し前に動かすでしょ。あれが僕には信じられない。ミットは的です。動かすと投手が無意識に目で追ってしまうかもしれないでしょ。構えたらそこから動かさず、捕球したところもしっかりピッチャーに見せてやる。そこにピシャッと収まったら『ナイスピッチ！』と喜びを出して伝えてあげなきゃいけないと思います。

最近……でもないけど、みんな知ってるキャッチャーなら谷繁元信（元中日ほか）はせんかったし、昔は動かさない人がたくさんいました。少しでも動かしたら『動かすな！』と怒鳴るピッチャーもいましたからね。ただ、実際、動きのきっかけというのはあったほうが楽なんですよ。僕はミットは動かさなかったけど、すっと少しだけ重心を落とした。軽く息を吐きながらね。

あとね、動かして捕ると、どうしてもミットが止まらない。今は低めの球を押さえつけて捕るようなケースも見受けられますが、低めにきれいに決まった球なのに、ミットが動いたことでボールに取られることもあります。

ピッチャーの目線の話で言えば、ミットを構えても顔が違うところにある捕手がいるでしょ。見えづらいのかもしれないけど、構えたミットから顔を外して、のぞきこむようになってしまうと、投手がその顔を意識して、そこを目指して投げてしまうときがあるんですよ。ほんと無意識のうちにね」

――無意識ですか。

「そう、できるだけ余計なことはしない。キャッチャーはできるだけピッチャーの邪魔をせず、気持ちよく投げさせなきゃいかんからね」

――最近はあまりいないですが、内角、外角と体を盛んに動かすキャッチャーもいましたが、あれもダメですか。

「今は（捕手の構えを）のぞいちゃダメとなってますが、昔は見て当たり前だし、セカンドランナーからもそうだけど、次のバッターがネクストでバットをコツコツやってバッターに位置を教えていた。だから僕も真ん中にいるようなふりで、実は少し外側で構えてサインを出してから戻り、外のボール球を振らせたこともあります。

ただ、さっきも言ったように、どうしてもピッチャーの目はミットについていく。極端に言えば、外に投げさせたいときでも、一度、インコースに寄ってから外に戻ると、その中間で真ん中に投げちゃうこともあるわけです。だから、動くなら影響が出ないよう早めにしました」

心眼で捕る

——ミットの中で捕る位置は。

「親指の下のあたりです。でも僕の場合、捕るというより、構えとったら自然と入る感じです。捕ろうと意識すると、どうしてもつかもうとして、かぶせてしまうのもある。そうするといい音も出んしね。あとね、捕球には心眼というものもあるんですよ」

——武道みたいですね。

「そうそう、武道と同じ。投手をじっと見て捕球をしていると、目で追い掛けなくてもよくなるんですよ。頭で『こっちに来た、ミットを動かして捕ろう』じゃなく、目ん玉を動かさなくても、自然とボールが来るところにミットが動いて捕れるんですよ」

——さすが、ダンプさん。

「おだてても特別なものは出ませんよ。きょうもお土産はおはぎです（取材の際、いつもおはぎをいただいていた）。ブルペンで毎日何百球も何年も受けてきたわけだから、そういう勘みたいなものは自然と鍛えられました。

一つコツはボールの軌道を先読みすることです。1球1球、慌ててミットを動かしたら、投手も傷つくでしょ。ボールの行く先は、投手の力量が分かっていればリリースポイントで分かるはずです。先読みし、球は必ずそこに来るという箇所で待って捕ると安定感が出ます」

――ワンバウンドの捕球はどうでしたか。

「下手じゃなかったつもりですよ。捕れないときは、今と同じように両ヒザを着いて体を壁のようにし、両腕の脇を絞るんですが、少し違うのは、体の角度を考えながら入射角を調整し、ホームベースに勢いを殺してボールが落ちるようにしていることです。今は結構、適当ですよね。プロテクターに衝撃吸収材も使っていて、それほど弾まないから、そこまで丁寧にしなくていいのもあるかもしれないけど、当てているだけに見えます」

――最近の若いもんは横着しているわけですね。

「意地の悪い年寄りみたいな設定にしようとしてませんか（笑）。今はピッチャーの球が速くなっているし、落ちる球が増えてワンバウンドが多いから大変は大変だと思います。大魔神（佐々木主浩。元横浜ベイスターズ＝現横浜DeNAほか）みたいにワンバンばかりしていたら、僕もエラーばっかりしてたかもしれんし、昔のほうがすべて上だったとは言いません」

――盗塁を刺すとき、捕球からの基本的な体の動きについても教えてください。

「言葉で言ったらすぐなんですよ。捕る、フットワーク、コントロールです。ただ、今は足が固まって、流れの中ですぐ動けない人が多いでしょ。本来は捕ったままの腰の位置で、まず右足を少し出し、歩くように左足を出して投げるわけですが、これができず、立ち上がってから足を動かす人がプロでもいます。それだと動きが止まるんでロスもあるし、そこから反動をつけようとし、どうしても肩を引く動きになって背中側まで入ってしまうんです」

――そうなると何が悪いんですか。

「腕が横振りになって投手を過ぎたあたりで球がしゅう～っとずれていくんですよ。セカンドに入った野手が、一塁側に体を投げ出すように捕りに行くときがあるでしょ。あれじゃ、いくら肩が強くても刺せない。修正するとしたら踏み出す左足を逆くの字を描くように出すのもいいかもしれんですね。これでタメができる」

――フットワークについてもう少し詳しく教えてください。

「その前に、まず捕球ですね。僕は走者が走ったときは、グラブに当たる10センチか15センチ前からもう〝捕った〟という判断で投げる準備を始める。体全部で捕りに出て、そこを起点に投げるんですね。それでコンマ何秒か短くなるわけです。あとは、さっき言ったように捕って右足を出すんじゃなく、捕ると同時に右足を出しているから、捕るを1にし、2で右足、3で左足と考えれば、1と2が一緒なんですよ」

――投げるまでの右手の動きはどうなんですか。

「捕ったら耳のところに持っていけと言われるけど、それは僕の中ではペケです。それを意識すると、右手をそこに持っていくのが最優先みたいでしょ。それじゃ動きが止まる。右手をどうこうより、左の肩を早めに出して、そこから投げる感覚ですね。右肩は後ろには絶対に引かず」

――捕球後のミットの動きは。

「捕ったところで手のひらを返し、内側に向けました。ボールを見るみたいにね。そのまま体が前に行くんで、自然と胸の前に持っていったのと同じになるでしょ。そこに右手を入れたらすぐ球をつかめます」

――腕の振り方は。

「体のタテの軸を意識して投げます。頭のてっぺんから真下の軸です。外に体が行くと軸がどうしても傾くんで、腕が横振りになりやすい。これは今の子にやっちゃいけないだろうけど、昔はブルペンでキャッチャーの頭に手を置いて『動かすな』と捕球から返球をやらせていたこともあります」

——腕もタテ振りですか。

「そう、投げ下ろす感じです。極端に言えば、投げたあと、サード側に体が行くくらいの気持ちですね。手首にしても寝てしまうとスライダー回転になるんで、真っすぐ使う。ここでもう一つコツがあって、ボールを放すとき、背中を意識するんですよ。背中を丸めるように、肩甲骨を開くようにして投げると真っすぐいきます。体が横に振られてしまうとそれはできませんしね」

——それで最後はヒゲ辻さんのように中指一本で放すというわけですか。

「放すのではなく、放れるんです。そういう形にすればね。上から投げると、自然とそうなります。左脇を締めて、胸を張って投げるイメージです。投手でも、これができると、軽く投げているようで球が来ています。ただ、僕のイメージは真っすぐ腕を出して投げるものだったのですが、現役時代の写真を見たら、まるで江川卓（元巨人）

かと思うくらい高い位置から投げていました」

――セカンドのどこを狙うんですか。

「ベースの一塁寄りで地面より少し上です。盗塁の場合はすぐタッチにいけるベースの30センチ上ですが、ほかにバント処理のセカンドスローもありますよね。このときは捕ったあとゲッツーを狙うプレーがあるなら相手の胸、フォースアウトだけならベルトあたりの前方と変えます。ただ、いずれも狙うという意識はありませんでした。僕はフォームで狙うんですよ。ちゃんとしたフォームが体に染みついていたら、それこそ目をつむって投げたってそこに行きますからね」

――ちゃんとしたフォームを身につけるために大切なのは。

「自分の体の動きとリズムを何度も練習しながらしっかりつくってやることです。それができたら、今度はどこで時間を省略できるか考えて、より早く送球できる方法を考えていけばいいと思います」

大切なのは四六時中考えること

――走者が盗塁するかどうかは分かりますか。

「そりゃあ、顔を見れば一発で……いや、ウソ、ウソ。ただ、研究すれば分かります。みんなそれぞれだけど、じっと見ていたら必ず何かクセはありますからね」

――見抜くコツはあるんですか。

「コツというわけじゃないけど、見るだけじゃなく、予測するんですよ。こういうカウントで、こういう状況になると、この選手は走るんじゃないかとか、走らないんじゃないかと思いながら見ていると、漠然と見ているより見抜きやすいと思います」

――一塁走者を刺すときもあったと言ってましたね。

「油断してリードが大きいときもそうですが、バントシフトでよくやりました。ファーストが出てきて一塁が空くじゃないですか。そのときピッチャーにボール球を投げさせてバントをさせず、一塁に入ったセカンドに投げて刺すピックオフプレーです。かなり殺せました。コツは捕球するとき、走者に警戒されないように体は普通に投手に向いているんだけど、右足のつま先だけピッと一塁方向に向けておくんですよ。それで捕ったら流れの中でパパッと投げる。最後、巨人にはバレましたけどね」

――田淵幸一さんが言っていましたが、ダンプさんはホームでのブロックも名人芸だったそうですね。

「今はコリジョン・ルールがあるので、どうなるか分からんけど、際どいタイミングのとき、ベースは走路を空けて踏み、外野を向いて走者は見ずに、ボケッと立っています。そうしたら滑らんで走ってくるでしょ。その足音を聞きながらボールを捕ったと同時に、さっと足を出し、踏もうとして力が抜けたところを引っ掛け、タッチしてアウトです。このタイミングは、横浜の中華街で太極拳の道場の館長をされている方と話をしたとき、『ダンプさん、武道の呼吸と同じです』と褒めてもらいました」

——引っ掛けられた走者は怒らなかったですか。

「ブルブルブル（首を振って）。誰も怒らん。吹っ飛んだチャーリー・マニエル（元ヤクルトほか）も何も言わんかったですよ。審判とも話して、タッチに行く動きの中で足を引っ掛けるのは大丈夫という確認もしていましたからね」

——ボケッとするのもコツですか（笑）。

「ボケッとするのは振りです（笑）」

——外野手の返球が大事ですね。

「阪神時代のライトだった藤井栄治さん、カークランドはうまかったですよ。間違いなくそこに来るから、突っ立っていても動かずに捕れる。もちろん、こっちも突っ立ったまま、送球を見ずにハーフバウンドをキャッチする仕方を随分練習しました」

――守備が好きだったから、いろいろ工夫したんですか。

「好きだった、というより、四六時中、考えていました。好きとかは思ったことない。ブロックにしても昭和43年（１９６８年）、試合に出だしたころに研究したものです。宿舎で座布団をホームベースと仮定して、どう走って来るか、どうアウトにするか、どうやったら相手にケガをさせず、自分もケガをしないかといろいろ考えてやっていたら、たまたま藤本定義監督に見られてびっくりしたことがあります」

投手を勇気づける

――次にダンプ流リードを教えてください。

「ちょっと誤解されやすい質問ですね。リードと言うと配球とイコールで考える人も多いのですが、そんなことはない。掛ける言葉、間合い、返球、いろいろなものを全部含めてがリードだと思います。

大事だけど、最近足りないなと思うのは、投手を激励することです。一番いいのはマウンドに行くことです。これでこちらの意思をしっかり伝えるだけじゃなく、間《ま》ができて、試合の流れが変わったりもしますからね。今はルールでマウンドに行く回数が限られていますが、僕から見たら、それでも行かな過ぎだと思います。

　仮にマウンドに行けなくても、言葉で伝える、身振りで伝える、目で伝えるとか、できることはたくさんあります。返球も大切だと思いますよ。言葉に出さなくても、優しく投げたり、強い返球をしたりで、こちらの気持ちを伝えることができます。だから、最近、腹が立って仕方ないんですよね」

――短気ですね（笑）。

「投手が腕を必死に伸ばしたり、しゃがみこんだりする返球が多過ぎませんか。しっかりリズムよく肩口に投げなきゃいけないのに。球を投げると同時に、こっちの気持ちを送るんですよ。そうすれば投手が気持ちよく投げられ、試合のリズムもよくなります。キャッチャーは常に投手を考えて、構え、捕球、返球してほしいですね」

――では、配球についてお聞きしますが、パターンはある程度決めているんですよね。

「ありますが、その時々で変わっていきます。状況というのは毎試合130球なら130回、勝手にできるものなんですよ。ただ、だから状況に合わすというより、そういう状況に持っていかなきゃいけない」

――また難しいことを（笑）。

「日本ハムで大谷翔平が出だしたとき、高校時代に目標を書いた紙が紹介されていたんですが、あれが近い気がします。目標を書き出すだけじゃなく、その目標をどうやって達成するか9項目を挙げ、その9項目を達成するための条件がまた9項目書いてあるマンダラチャートです。子どもたちに夢を聞くと『プロ野球選手になりたい』とかはすぐ出てくるでしょ。でも、『じゃあ、それを実現するために何をするの？』と聞くと、大抵黙ってしまいますよね。それを大谷は全部書いてあった。

リードで言うなら最初は『完封する』かな。そのために『三振を取る』『凡打を打たせる』があれば、最後の決め球だけを考えていても仕方がない。追い込むまでにどうするかもそうだし、ストライクを狙ってもボールになるときの対応もあります。それ以前に『初球ストライク』を書いて、それを投げるための9項目もあるでしょうね。

初球が見送り、空振りのストライク、ボール、ファウル、あるいはヒットもそうですが、どうなっても、じゃあ次どうするかが頭にあって、パッとサインを出さなきゃいけない。そのために頭の中に無限のマンダラチャートがあるわけです」

打者に余計なことを考えさせる

――データは重視しますか。

「もちろんです。ただ、昔は今みたいに球団が細かいデータを準備してくれるわけではないので、試合後、必ず打者の結果と内容を対戦投手別に分けてノートに書きながら復習し、翌日、ピッチャーとミーティングをしました。そのとき、よかったことはしっかり褒め、よくなかったことがあればブルペンで捕りながら説明し、次の登板までに修正していきます。

結果がすべてというわけじゃありません。打たれた、打ち取れたというデータだけではなく、自分自身が感じたバッターが持つ傾向、直前の打席や、その打席でも1球1球の体の反応、表情の動きもあります。そういったものを見て頭に入れたうえで、バッターが何を狙っているか推測し、決断していきます。だから、ぼうっとしているように見せながらも、ダンプの高性能コンピューターは、いつもフル回転が必要になるわけです。

あと、僕はバッターにも考えさせたかった。それも余計なことをいろいろとね」

――余計なこと、ですか。

「迷わせるということです。ここは外の真っすぐしかないという場面だったとしても、すぐサインを出して投げさせるんじゃなく、僕がマウンドに行ったりして、時間を空けることでもバッターは考えます。間《ま》ですね。1、2、3で相手の考えどおりの球を投げたら、いくらいい球でも当てられますから。

マウンドに行けなかったとしても、例えば、わざと無茶苦茶なサインを出して、味方のピッチャーに『この人、何を考えてるの？』という顔をさせるのもありです。実際には、そのあと普通のサインを出して投げさせたとしても、相手はいらんことを考え始めて、なかなかバットが出なかったりする」

――野村さんのささやき戦術と似たようなものですか。

「僕は口下手だったし、あんなことようやらんかったですけどね」

わざと四球を出す

――巨人に一塁へのピックオフプレーのクセを盗まれた話がありましたが、相手コーチとの戦いもあったわけですね。

「クセというか、あれは動きの起点ですけどね。もちろん盗塁もそうだし、エンドランもそう。サインが分かれば、こっちはすごく楽になる。ケースによってですが、投手に何回もけん制球を投げさせて、反応を見ることがありました。コーチがいつも触らんところに触れたり、あとは走者の顔が『うん？』となったときは大抵サインが変わったということです。

何もないときのサインは、さっさと素早く済ませたいみたいにリズムが早くなって、エンドランとか仕掛けるときは、見落としを避けるためか、少し遅く大きくなったりする人もいる。ほかにもサイン取り消しの場合は、三塁コーチが体の左側、つまりキャッチャーから見えづらいところでゴチャゴチャする傾向もありましたね」

――投手のけん制球はダンプさんのサインでしたか。

「サインがなくても投手が勝手にやることもあります。江夏あたりになると、けん制球だけじゃなく、自分の意思でサインを無視してボール球を投げたりする。あいつは投球フォームに入ってからでも、打者の打ち気が分かって修正できる投手だったから」

――サインでわざと3ボール0ストライクにしたりすることもあったんですか。

「そんなの当たり前にありました。絶好調のバッターは初球は8対2で向こうが有利ですが、３ボールになると必ず油断するし、なかなかバットは振らない。そこから際どい球を投げ、フルカウントにしたら、もうこちらのもんです。もちろん、コントロールが悪いヤツには使えませんけどね。

わざと四球を出させることもありました。次の打者で勝負のほうがいいというときは間違いなくあるんで。露骨にやってしまうと、ピッチャーのプライドが傷ついたりするんで、そこはうまくね」

イラスト=白川茶臼

出るか出ないか分からない続編を書き始めました

どうでしたか。阪神タイガース二番目の捕手、ダンプの物語は。

いつも二番目だった僕は、現役時代から「縁の下の力持ちですね」と褒めていただくことがありましたが、好きで二番目にいたわけではありません。

チャンスをつかんだと思ったらブルペンに行けと言われたり、ケガをしたり、ライバルが現れたりの繰り返しでした。

運のない男だなと思ったことは何度もあります。

でも、終わってから振り返ると、また違うことを思います。

運がないと言うには楽し過ぎました。


阪神時代だけを考えても、「ダンプ」という愛称をいただき、長いことブルペンばっかりだったときもありましたが、その分、たくさんのピッチャーの球を受けることができました。試合では、しびれるような名勝負を何度も経験することができました。

選手、監督、コーチ、裏方さん、ファンの皆さん、相手チームの方々を含め、すべてに感謝、感謝です。

特に2人の投手には、あらためて感謝したいと思います。

まずは天国の村山実さん。配球のいろはを実戦の中で教えていただき、村山さんを喜ばせるリードをしたいという思いが僕を成長させたと思っています。村山さんに「ダンプのリードは12球団で一番だ」と言ってもらえたことは、今も僕の自慢です。

そして江夏豊。生意気な後輩ではありましたが、あいつとバッテリーを組めたことは宝物のような思い出になっています。1試合1試合、いや、1球1球が、ほんと面白かった。江夏と組んだことで、本当の意味で一人前のキャッチャーになることができ、しかも巨人・王貞治さんとの対決をはじめ、プロ野球の歴史に残る名勝負の隅っこにもいさせてもらいました。

おかげで50年以上たってからも取材の話が来て、今回は本まで出してもらうことができたと思っています。

本当にありがとうございます。江夏、また電話するけど、たまには眠そうな声じゃなく、愛想よく出てね。

僕がいた昭和37年から49年（1962年から1974年）は、V9巨人の時代とほぼ重なりますが、2回もリーグ優勝しましたし、2位も多かった。黄金時代と言っていいんじゃないでしょうか。

特に投手陣です。小山正明さん、村山さん、バッキー、そして江夏とスーパーエースが光り輝いた時代です。

山本哲也さんもヒゲさん（辻佳紀）も亡くなったし、田淵幸一は小山さん、バッキーが出たあとの入団です。よく考えると、この4人全員を捕ったキャッチャーは、もう僕だけになるのかもしれないですね。

80歳を過ぎ、天国に行ってしまった仲間が増えています。いつか僕も天国のタイガースの一員になるのでしょうが、今のところ体も頭も元気いっぱいですので、入団はしばらく先にさせていただければと思っています。

出るか出ないか分からないとは言われていますが、この本の続きとなる大洋時代、コーチ時代、そして今のダンプの話を、娘と一緒に買った新しいパソコンで書き始めています。最初は間違えてばかりいた操作にも少しずつ慣れ、書くスピードが速くなっています。人間いくつになっても、頑張ればちょっとくらいは進歩できるのだなと思っています。

では、読者の皆さん、最後までご愛読ありがとうございます。またお会いできたらうれしいです。

打点	盗塁	盗塁刺	犠打	犠飛	四球	死球	三振	併殺打	打率
0	0	0	0	0	0	0	0	0	.000
0	0	0	1	0	0	0	0	0	.167
1	0	1	0	0	1	0	3	1	.214
0	0	0	0	0	0	1	10	2	.040
6	0	0	0	0	2	0	7	1	.188
29	0	1	3	1	22	4	41	5	.254
24	0	3	1	2	24	3	32	6	.225
9	1	1	5	0	14	2	23	7	.220
27	5	1	12	1	28	5	47	11	.193
9	0	0	0	1	10	1	11	3	.195
1	0	0	2	0	4	0	10	3	.211
3	0	0	2	1	1	0	8	4	.140
1	0	0	0	0	3	0	6	0	.161
1	0	0	0	0	3	0	3	2	.125
10	0	0	1	0	16	0	30	1	.273
7	0	0	2	0	12	2	18	0	.203
6	0	1	4	0	18	2	27	2	.205
4	0	0	1	0	12	0	20	1	.207
5	0	0	6	0	9	0	14	1	.233
7	1	0	2	0	8	0	15	5	.195
13	1	0	9	0	6	0	28	3	.205
0	0	0	1	0	0	0	0	1	.000
163	8	8	52	6	193	20	353	59	.209

[ダンプさん記録室]

辻 恭彦

つじ・やすひこ●1942年6月18日生まれ。愛知県出身。右投右打。身長171cm、83kg(現役時代)。享栄商高から西濃運輸を経て62年途中阪神タイガース入団。75年大洋・横浜大洋ホエールズに移籍し、84年限りで引退。引退後、横浜大洋(85—87)、阪神(88—92)、横浜ベイスターズ(93—98)でコーチを務め、退団後は野球評論家の傍ら、アマチュアのコーチも

[年度別打撃成績]

年度	所属球団	試合	打席	打数	得点	安打	二塁打	三塁打	本塁打	塁打
1963	阪 神	4	6	6	0	0	0	0	0	0
1964	阪 神	4	7	6	0	1	0	0	0	1
1965	阪 神	9	29	28	1	6	0	0	1	9
1966	阪 神	19	26	25	0	1	1	0	0	2
1967	阪 神	26	34	32	6	6	0	0	3	15
1968	阪 神	86	278	248	17	63	10	0	7	94
1969	阪 神	83	230	200	10	45	11	0	3	65
1970	阪 神	62	171	150	6	33	5	0	1	41
1971	阪 神	130	445	399	21	77	9	1	8	112
1972	阪 神	58	99	87	12	17	3	0	4	32
1973	阪 神	24	63	57	2	12	1	0	1	16
1974	阪 神	23	47	43	3	6	1	0	1	10
1975	大 洋	31	34	31	1	5	0	0	1	8
1976	大 洋	12	19	16	0	2	0	0	0	2
1977	大 洋	54	127	110	10	30	8	0	1	41
1978	横浜大洋	37	85	69	7	14	0	0	3	23
1979	横浜大洋	55	112	88	13	18	3	1	3	32
1980	横浜大洋	50	71	58	10	12	4	0	0	16
1981	横浜大洋	54	101	86	7	20	4	0	1	27
1982	横浜大洋	75	128	118	7	23	4	1	3	38
1983	横浜大洋	72	147	132	9	27	3	1	3	41
1984	横浜大洋	6	10	9	0	0	0	0	0	0
	通 算	974	2269	1998	142	418	67	4	44	625

猛虎二番目《もうこにばんめ》の捕手《ほしゅ》

ダンプ辻《つじ》、81歳《さい》のキャッチャー論《ろん》―［立志編《りっしへん》］

2023年10月30日　第1版第1刷発行

著　者／辻 恭彦《つじやすひこ》
発行人／池田哲雄
発行所／株式会社ベースボール・マガジン社
〒103-8482
東京都中央区日本橋浜町2-61-9　TIE浜町ビル
電話　03-5643-3930（販売部）
　　　03-5643-3885（出版部）
振替口座 00180-6-46620
https://www.bbm-japan.com/
印刷・製本／共同印刷株式会社

ISBN 978-4-583-11644-0 C0075

デザイン=植月誠
校閲=稲富浩子
写真=BBM
編集=井口英規
SPECIAL THANKS
阪神タイガース